翻滚吧！

青春期完美男孩

青春期 完美男孩

姜秋月 / 著

Perfect Boy
Growth Handbook

成长手册

U0314474

化学工业出版社

·北京·

内 容 简 介

这是父母送给青春期男孩的一本智慧书，它能帮助男孩们解决成长中的疑惑与困扰。本书包含了生理篇和心灵篇两个部分，生理篇全面解答了男孩青春期生理变化需要知道的问题，心灵篇则从情绪管理、心理小问题，人际交往等多方面来举例说明，帮助男孩们排除困扰。

图书在版编目（CIP）数据

翻滚吧！青春期. 完美男孩成长手册 / 姜秋月著.

北京 ：化学工业出版社，2024. 9. -- ISBN 978-7-122

-46208-4

Ⅰ. G479

中国国家版本馆CIP数据核字第2024U6C140号

责任编辑：王婷婷　孙 炜　　　　　　封面设计：史利平
责任校对：李露洁　　　　　　　　　　装帧设计：盟诺文化

出版发行：化学工业出版社（北京市东城区青年湖南街 13 号　邮政编码 100011）
印　　刷：北京云浩印刷有限责任公司
装　　订：三河市振勇印装有限公司
710mm×1000mm　1/16　印张11¹/₂　字数211千字　2025年1月北京第1版第1次印刷

购书咨询：010-64518888　　　　　　　　售后服务：010-64518899
网　　址：http://www.cip.com.cn
凡购买本书，如有缺损质量问题，本社销售中心负责调换。

定　　价：49.80 元

序 言

亲爱的男孩：

"曾经有许多男孩通过微信或电子邮件向我讲述他们在青春期发生的事情，向我询问他们身体上的变化，和我分享他们的小秘密，在帮助了无数这样的男孩之后，我决定为那些在青春期迷茫的男孩们写这样一本书，以帮助更多的男孩健康愉快地度过青春期。"

很幸运，你能翻开这本书，这已经是我为男孩们创作青春期图书的第十三年了。从2011年第一版在国内书店上架以来，全国各地的几万名青春期男孩都曾经阅读过它。相信你的选择没有错，这本书里记载着关于青春期你想知道的一切……

现在翻开这本书的男孩，你也许即将步入青春期或是已经进入青春期，这段时间的你身体和心理都处于成长的过程中，老师说你长大了，妈妈说你有些叛逆，相信你的心中一定会存在着许多的疑问和困扰，而且你一定有一些不好意思问爸爸妈妈的问题吧？还有那些不愿意和任何人分享的秘密，都可以向我提问并分享给我。

青春期的你，正处于身心发展"失衡"阶段，心理上的"成人感"和实际的成熟程度还不相符合，这时会产生小小的疑虑和不满，你所感受到的压力和误解需要得到化解和释放。请到书中寻找答案，来排除这些负面情绪，让你在生理、心理、学习、人际交往等方面都得以提高，以积极向上的心态面对青春期，去勇敢地开启你的睿智人生吧！

秋月小姐姐

目　录

生理篇　青春期，身体的成长期！

第一章　身体的奇怪变化 …………………………………………… 2

奇怪的嗓音 ………………………………………… 2

长大的喉结 ………………………………………… 4

班里的小结巴 ……………………………………… 5

小胡子男孩 ………………………………………… 7

讨人厌的小痘痘 …………………………………… 9

越来越多的毛毛 …………………………………… 11

不听话的阴茎 ……………………………………… 12

生殖器？它是什么呢？ …………………………… 13

时隐时现的睾丸 …………………………………… 14

让人尴尬的遗精 …………………………………… 16

梦见喜欢的女孩 …………………………………… 18

第二章　男孩儿的私密问题 ……………………………………… 20

阴毛是怎样长出来的？ …………………………… 20

为什么每个男生的阴茎大小不一样呢？ ………… 21

阴茎偏了是生病了吗？ …………………………… 22

睾丸怎么会大小不一样呢？ ……………………… 23

我需要睾丸自检？ ………………………………… 25

精子是从哪里来的？ ……………………………… 26

精液就是精子吗？ ………………………………… 27

精子是什么样子的？ ……………………………… 29

可以自己控制遗精吗？ …………………………… 30

雄性激素是什么？它有什么作用呢？ …………… 31

阴茎受伤了，我该怎么做？ ……………………… 32

"性"是什么？ ……………………………… 34

我的性成熟了吗？ ………………………… 35

男生也会被人性骚扰吗？我该怎么做呢？ ………… 36

手淫会不会影响身体健康？ ………………… 38

看到电影里的亲热镜头，为什么阴茎会变硬呢？ …… 40

和女生拥抱、接吻是性行为吗？ …………… 41

宝宝从哪里来？ …………………………… 42

发生性行为之后，就会有宝宝吗？ ……………… 43

怎么样才能防止过早地发生性行为？ …………… 44

如何避免怀孕？怎么样使用避孕套？ …………… 46

宝宝为什么有男有女？ …………………… 48

这是同性恋吗？ …………………………… 49

第三章　展现健康自我 ……………………… 51

身体所需要的营养 ………………………… 51

男孩需要进行皮肤护理吗？ ………………… 54

拒绝眼镜"文化" ………………………… 56

完美男孩没有头屑烦恼 …………………… 57

总是掉头发，持续下去就要变成"和尚"啦？ ……… 59

健忘症 …………………………………… 61

文身并不酷 ……………………………… 62

不要轻易尝试节食减肥 …………………… 63

必要的体育锻炼 …………………………… 64

抠鼻子的坏习惯 …………………………… 66

耳朵里的怪声音 …………………………… 67

牙齿、牙刷对抗战 ………………………… 68

假使你尿床了 ……………………………… 69

男孩子抽屉里的避孕药 …………………… 70

痔疮让我好痛苦 …………………………… 71

和肥胖说"拜拜" ··· 72

身高和体重的比例 ··· 74

拔掉鼻毛之后 ··· 75

我要烫头发 ··· 76

男生可不可以穿耳洞？ ··· 77

牙龈出血啦！ ··· 78

口腔溃疡 ··· 79

清洗外生殖器很重要 ··· 80

包皮长的问题 ··· 81

脚臭让我在女生面前好尴尬 ······································· 82

心灵篇　青春期，心灵的过渡期

第一章　坏情绪长大了 ··· 86

不想见人，不想说话 ··· 86

马上要考试了，坏情绪开始出来作怪 ······························· 87

妈妈别说了，我不想听！ ··· 89

为什么你总是唱反调？ ··· 90

老师凭什么夸奖他 ··· 91

厌倦了学习，我想逃课 ··· 93

在这世界上没人能理解我 ··· 94

白天睡不够，晚上睡不着 ··· 95

我会不会永远都是失败者 ··· 97

自私指数上升 ING ··· 98

我就要玩游戏，怎么啦？ ··· 99

活着到底为了什么？真没意思！ ··································· 100

那小子真欠揍！ ··· 101

为什么她每月都会肚子疼！ ······································· 103

朋友被打了，我替他报仇！ ······································· 104

为什么我总是默默无闻 ··· 105

为什么我总想关心她？ ………………………………………106

被拒绝的情书 …………………………………………………107

妈妈总让我做家务，烦死了！ …………………………………108

朋友向我借钱，当然要借给他啦！ ……………………………110

"黄色诱惑" …………………………………………………111

男孩儿有泪不轻弹 ……………………………………………112

爸爸又失约了，真讨厌 ………………………………………113

第二章 调整自己的心态——和心理问题说"Good bye" … 115

如此强迫症 ……………………………………………………115

猜疑滋生蔓延 …………………………………………………116

控制暴躁的脾气 ………………………………………………118

腐蚀心灵的毒药 ………………………………………………119

走出黑暗世界 …………………………………………………121

厌倦的情绪 ……………………………………………………123

疏导和调适逆反的心理 ………………………………………124

战胜羞怯心理 …………………………………………………126

摆脱孤独的心灵 ………………………………………………128

做事精神不集中——焦虑症 …………………………………129

勇敢面对挫折 …………………………………………………131

第三章 家人和朋友 ………………………………………… 133

谁动了我的日记 ………………………………………………133

妈妈又生气了 …………………………………………………134

爸爸和妈妈的战争 ……………………………………………136

真正的朋友什么样？ …………………………………………137

朋友间的"诚信" ……………………………………………139

"网友"算朋友吗？ …………………………………………140

朋友"威胁"我 ………………………………………………141

我那爱撒谎的朋友 ……………………………………………143

分享秘密 ……………………………………………… 144

伤害了朋友，自己也会不开心 …………………… 145

我的同桌是女生 …………………………………… 147

朋友 VS 女朋友 …………………………………… 148

暗恋是美丽，早恋是涩果 ………………………… 149

什么样的男孩招女生喜欢 ………………………… 150

"三角恋"？ ……………………………………… 152

第四章　交往很简单 ……………………………… 154

爸爸妈妈，我长大啦！ …………………………… 154

老师的批评要虚心接受 …………………………… 155

认真地倾听，幽默地交谈 ………………………… 156

拒绝请委婉些 ……………………………………… 157

赞美是赠予他人的阳光 …………………………… 159

交谈的禁忌要牢记 ………………………………… 160

配合是一种气度 …………………………………… 161

懂得换位思考的男孩才是睿智的男孩 …………… 162

拜访他人有礼貌 …………………………………… 163

打电话的学问 ……………………………………… 164

说话要学会分清场合 ……………………………… 165

我总是被人误解，怎么办？ ……………………… 166

对自己的行为负责 ………………………………… 167

结交什么样的朋友 ………………………………… 169

管好钱包 …………………………………………… 170

我要做网红 ………………………………………… 171

我要打工赚钱 ……………………………………… 172

姐姐的借贷 ………………………………………… 173

爷爷被骗了 ………………………………………… 175

生理篇

青春期，身体的成长期！

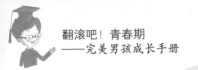

第一章　身体的奇怪变化

奇怪的嗓音

留言板：

"我是学校合唱团的成员，最近我们正在为校庆做准备，每天放学后合唱团的同学们都会聚在一起进行排练。可是，就在前几天，麻烦出现了，不知为什么我的声音变得粗哑了，到高音的部分就会觉得发声困难，是我最近练习的时间过长，还是我的嗓子出了问题呢？真的是很奇怪，最担心的就是以后不能再唱歌了！"

——会唱歌的小鹰　14岁

@ 会唱歌的小鹰

小鹰，不用太担心，14岁的男孩儿刚刚进入青春期，青春期声音发生变化是很正常的现象，这说明你进入了变声期。

变声期会出现高音发声困难且持久力差，音域显著变窄，声音粗哑、胸声增多、音色变暗等明显的变化。音域先是变窄而后变宽，因此你唱歌唱不到高音并不奇怪！

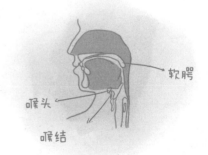

软腭

喉头

喉结

在这里，要提醒小鹰同学，以后唱歌时要尽量避免发高音，更不要长时间地发声和歌唱，因为过度疲劳会加剧声带的充血程度，影响变声期声带的正常发育。就算是变不回以前的声音，也是正常的，经历变声期之后的你还可以像男低音一样，声音会变得更加有磁性，也会更好听。

给男孩变声期的健康小提示：

变声期的时间通常是在半年至一年。除了不要让嗓子太疲劳之外，还要注意饮食。

第一，补充胶原蛋白和弹性蛋白。

发音器官主要是由喉头、喉结和甲状软骨组成，这些器官又是由胶原蛋白质和弹性蛋白质构成。你的声带也是由弹性蛋白质薄膜构成的，所以处于变声期的小鹰应多吃些富含胶原蛋白和弹性蛋白质的食物，例如鱼类、豆类、海产品、猪蹄、猪皮、蹄筋，等等。

第二，补充B族维生素和钙质。

维生素B2、维生素B6能促使皮肤发育，钙质可以促进甲状软骨的发育。富含B族维生素的食物主要有芹菜、番茄、蛋类、豆类、动物肝脏及新鲜水果；富含钙质的食物主要有鱼虾、牛奶、豆制品等。

第三，主食及副食要选软质、精细的食物。

不要吃炒花生仁、爆米花、锅巴、坚果类及油炸类很硬且又干燥的食物，以免对喉咙造成机械性损伤。

第四，多喝水，但要注意温度和适量。

水能减少和清除局部分泌物，避免嗓子的继发感染。不要喝太热的开水或太多冷饮，过冷或者过热对声带的发育都不利。

第五，要少吃酸、苦味的刺激性食物。

大蒜、辣椒、生姜、韭菜，这些食物会刺激气管、喉头和声带。

也不要吸烟喝酒，避免刺激引起发炎。

第六，吃东西要细嚼慢咽。

不要快速进食，这样一不小心会使食物中的砂粒、鱼骨刺伤咽喉组织，伤害到喉咙。

长大的喉结

留言板：

"最近发现脖子上长了一个像爸爸那样的喉结，为什么男孩子要长喉结呢？女孩也会长喉结吗？我还听爸爸说，不长喉结就不是男子汉了，真是这样吗？"

——长喉结的楠楠　14岁

@ 长喉结的楠楠

喉结的突出，可是男性的特征之一哟！一般女孩子在这一特征上，变化并不明显。

人的喉咙由 11 块软骨作为支架组成，其中最主要、体积最大的一块叫甲状软骨，它的形状像勇士的盔甲一样。我们在 2 个月时，喉软骨就已经开始发育了，之后的 5 ～ 6 年，每年都在增长。从五六岁到青春期的这一段时间，内喉软骨生长基本处于停止状

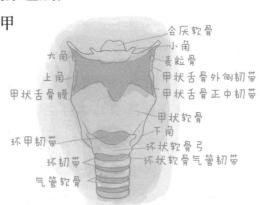

态。所以，男孩女孩们的甲状软骨都是一样的。

当男孩进入青春发育期以后，由于性激素及脑垂体激素等内分泌刺激，两侧甲状软骨板的前角上端迅速增大，这时男孩的脖子上就会出现喉结。而喉结本身对人体并没有什么实际的功能，只是甲状软骨对喉腔能起到保护作用。

至于男孩喉结变化是否明显或者大小是否有所差异，会因每个人的内分泌激素水平不同而变化，男孩子生长喉结的起始年龄也不是完全一样，有些男孩可能会早几年，有的则可能会晚几年，这些都属于正常现象，所以喉结长得晚的男孩也不必担心，更不要着急，等等，相信很快就会成为爸爸所说的男子汉的！

班里的小结巴

留言板：

"班级里，没有人愿意和我做朋友，同学们都嫌弃我说话结巴，甚至有的同学还给我起了个外号叫'口吃小子'。我真的好难过、好伤心！我平时和我父母说话就挺好的，也不会结巴。可每当老师提问问题时，我紧张或是着急回答就结巴了，这是为什么？好想改掉口吃的毛病，恢复正常的生活，我该怎么办呢？"

——说话结巴的小金 13岁

@ 说话结巴的小金

小金，不要伤心难过哟！你的这种情况只是因为情绪紧张而造成的结巴现象。

结巴也叫作口吃，它是一种习惯性的语言缺陷，是指在平时说话的时候出现字音重复或者词句中断的现象。大多数口吃主要是由于心理紧张或者后天不良的说话习惯而造成的。这些人主要是因为受外界刺激而紧张、恐惧，结果出现了口吃。越紧张就越说不出话来，越注意自己说话，心情越紧张，就这样加重了口吃的严重程度。

另外，也有一些男孩子好奇心旺盛，喜欢模仿口吃的人，结果自己也变得口吃了。

给小金同学的健康小提示：

根据小金的情况，可以试着按照下面的方法来做矫正，相信你很快会恢复正常的。

第一，在说话之前，要试着让自己放松，保持情绪稳定。说话时不要过于紧张、急躁，可以试着做几次深呼吸，心中默念：放松、放松……

第二，正视自己，相信自己。不要太在意别人的看法，这样就可以消除外界的不良刺激。注意说话前不要乱想，语速适当放缓，把语言自然地表达出来。

第三，平时要注意加强语言方面的训练，如果特别严重可以请专业的老师帮忙。

让自己自信起来吧，相信你一定能行！

小胡子男孩

留言板：

"早晨起来，我发现下巴附近长了一圈毛茸茸的胡茬儿，我是不是长了胡子呢？为什么在我们班级里有的同学长胡子，有的还没长呢？那些没长胡子的同学是不是正常呢？我爸爸说，长了胡子就是男子汉了，每天早晨都要刮胡子，不然很不美观。可是刮胡子真的好麻烦啊！我还发现，上课的时候，我的同桌经常用手拔胡子，这样做对吗？"

——小胡子男孩洋洋　14岁

@ 小胡子男孩洋洋

没错，洋洋，你是长出胡子了，这说明你已经进入青春期啦！在男孩身体里，有一种叫雄性激素的东西，这种雄性激素能刺激男性的脸上长出毛茸茸的胡子。当男孩进入青春期以后，就开始产生雄性激素，随着年龄的不断增长，男孩身体里面的雄性激素也会不断增长，胡子也就慢慢地长了出来。

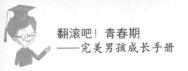

青春期在雄性激素的作用下，男孩的生殖机能越旺盛，胡须生长得就越快。长胡子部位的血管分布比较多，也更容易得到养分，所以它的生长速度也是很快的。开始是口唇四周和两腮部位长出少许胡子，逐渐会越长越多，越长越粗，越长越硬。

每个男孩胡子的多少是有一定差异的，有的男孩胡须浓密，有的男孩胡须稀疏。胡子的多少、浓密程度与民族以及家族遗传也有关，如果你发现自己的胡子疏密和其他男孩不一样，也不必觉得奇怪，这些差异很正常。

进入青春期的男孩如果没有长胡子，这种现象是不是正常的，这就需要结合整个身体发育情况来判断。如果你身边的同学没有长胡子，但生殖器官发育正常，其他的青春期特征也都具备，说明他没长胡子是正常的，因为男孩长胡子的起始年龄并不完全一样。如果已进入青春发育期，既没有长出胡须，青春期发育的特征也不明显，那就要小心了，这很可能是调节性激素分泌的促性腺激素出现了问题，一定要到医院进行检查和治疗。

对于刮胡子的事情，还是不要偷懒啊，胡子长得很长却不刮，是会影响你的帅哥形象的。但是，胡子可不是随便拔的，最好的处理方法是用剃须刀来刮。

胡子旁有皮脂腺，当你拔胡子的时候，很可能会损伤这些皮脂腺和毛根周围的毛囊，一不小心就会形成创面，如果这时遇到细菌的侵袭，就会引发炎症，像毛囊炎、皮脂腺炎等等。而且嘴唇边的胡子位于面部的"危险三角区"里，如果这个区域受到细菌侵袭，细菌很容易经血管网进入颅腔，甚至会引起脑炎或脑膜炎，所以，正处于青春期的男孩，一定要改掉拔胡子的坏毛病哟！

讨人厌的小痘痘

留言板：

　　"我的脸上竟然长了讨人厌的小痘痘，这是为什么呢？而且，我每次用手挤之后，就会出现白色的东西，看起来脏脏的。等小痘痘好了，还会留下一个疤痕，真的好难看呀，怎么做才能消灭它呢？快来帮帮我吧！"

——小痘痘男孩　15 岁

@ 小痘痘男孩

　　脸上长的小痘痘，叫作青春痘，也叫痤疮。一般就像小米粒，顶端还有小黑点一样的东西，挤压会出现乳白色的分泌物。

　　这是因为青春期的你性腺活动增加，内分泌紊乱，皮脂腺分泌的皮脂过多，结果导致大量的皮脂排泄不出去，积聚在毛囊口而引起的。当遇到细菌来袭时，毛囊口的皮肤发炎，就会形成痤疮了。

　　当你的脸上出现小痘痘时，千万不要用手去挤压痘痘哟！因为这样的话，很容易引起皮肤化脓发炎，脓疮破溃就会形成疤痕，那样就很难恢复了，要小心哟！

　　还要注意不要乱用化妆品，现在市面上有很多祛痘产品，但它们并没有祛痘的功效，还可能会给皮肤造成伤害，引起各种皮肤炎症。

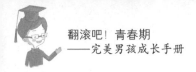
健康去痘小提示：

对于讨人厌的青春痘，只要注意以下几点，就能防止青春痘来找你啦！

1. 每天洗脸次数要达 2 ～ 3 次，而且每次洗脸时要选用温水进行清洗。因为冷水不容易去掉脸上的油脂，而热水更容易促进皮脂的分泌。所以，要尽量用温水清洁脸部皮肤。

2. 注意，洗脸时不要选用刺激性香皂或洗面奶，会刺激脸部皮肤。护肤品也不要选择油脂类的，因为油脂会与粉尘、灰尘接触，堵塞毛孔，这样会很容易形成痤疮。

3. 平时不要挑食，注意多吃一些水果和蔬菜，少食用一些油炸食品、甜食或是辛辣食物、刺激性食物，泡面吃多了也会长痘痘的。

4. 运动后，会流出大量汗液，如果流汗后没有立即把脸擦干，汗水很容易增强细菌的繁殖，这样也很容易长痘痘的。

5. 每天保持愉快的心情，保证充足的睡眠，经常熬夜超过十二点才休息，也是长痘痘的原因之一。所以，要注意劳逸结合，自我调节。

6. 加强体育锻炼。运动可以加快血液循环，促使体内的废物及时排出体外，使脸部皮肤的毛孔在不断出汗的过程中保持通畅，注意出汗后要及时做好清洁工作。

7. 男孩们要注意戒掉不良习惯，如抽烟、喝酒等等。

8. 出痘痘时尽量不要去游泳。因为游泳池里的消毒剂会对皮肤产生刺激，如果化脓、发炎，留下疤痕就得不偿失啦！

越来越多的毛毛

留言板：

　　"最近，我发现我的体毛越来越多，真是'剃刀剃不尽，春风吹又生'，同学们都笑我，快变成一个毛小子啦！我该怎么办？我不喜欢自己长这么多毛毛，我不会真的变成毛孩子吧？"

——毛孩小子豆豆　16岁

@ 毛孩小子豆豆

　　我发现很多男孩更希望自己"少毛"，可能是浓密的体毛让他们感觉很尴尬。有一些男孩还会因为自己的体毛变多而自卑起来，这是一种错误的观点。

　　当男孩进入青春期以后，由于雄性激素的刺激，自己的胳膊、腿上会长出许多的汗毛。有一些男孩的体毛会变得特别多，甚至还会蔓延到胸、腹、背、肩乃至手臂。

　　一个人体毛的多少主要是由种族和遗传决定的，一般来说，白种人比黄种人多毛，你有没有发现电影里外国男影星的胸毛很多呢？这些体毛不仅会起到保护皮肤的作用，更有利于体内汗液的排出，所以男孩们完全不用担心自己会变成毛孩儿，这些都是你青春期成长中的正常现象。

不听话的阴茎

留言板：

"有时候我的'小弟弟'完全不受我的控制，变得硬硬的，这是为什么呢？这就是勃起吗？男生为什么会勃起呢？有时候阴茎的勃起让我感觉好尴尬啊！自己一个人的时候感觉还好，如果在一些公众场合，就会让我很困扰，怎么办呢？"

——害羞的小凡 13岁

@ 害羞的小凡

小凡，你所说的就是阴茎勃起现象。阴茎勃起是男性的一种本能，有时候并不受你的控制，因为它是由反射活动所引起。在通常情况下，当男孩处于性兴奋状态时，阴茎就会勃起；当这种状态消退以后，阴茎自然会恢复到疲软的状态。

你一定没有想到，男性从一两岁的小孩直到老年人，其实都会出现阴茎勃起现象。而此刻的你正处在青春发育期，阴茎的勃起现象必然会更加频繁。

青春期男孩的阴茎勃起可能会让你感觉很困扰。甚至会因自己阴茎勃起而感到焦虑不安，可能会认为自己是个坏孩子，也可能会怀疑自己是不是生病了。其实大可不必过于担心，这些都属于正常的生理现象。

当你在生活中受到一些有关性的刺激，例如对异性的爱慕，看了影视片或书刊上关于爱情情节的描写，睡眠时做了与性有关的梦，还有平时穿紧身裤对生殖器的摩擦或是触碰你的生殖器官，这些都会让你的阴茎呈现勃起状态。

健康小提示：

如果青春期男孩子的阴茎经常处于"不听话"状态，你可以不必特别在意它，更不要去痛恨它。要把自己的主要精力放到学习上或者多参加一些有益的活动，生活就会充实和愉快，这时你就不会刻意地去注意自己的阴茎变化，烦恼也就自然而然地消失啦！

如果你的阴茎是在公众场合下呈现勃起状态，你可以趁势蹲下，以系鞋带掩饰；或者拿一件物体（例如一本书等）进行遮挡；或者找借口暂时离开一会儿；或者去卫生间小便，当膀胱尿液排空后，阴茎也会自然疲软下来；平时可以穿一些宽松的裤子，这样就算你的阴茎勃起，别人也是很难察觉的。

生殖器？它是什么呢？

留言板：

"究竟什么是生殖器呢？是产生遗精的部位吗？为什么它变得和以前不一样了？阴茎旁边两个'小口袋'是什么？有什么作用吗？"

——爱问问题的小狼　13岁

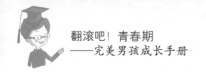
@ 爱问问题的小狼

生殖器是人类繁衍后代的器官，它为人类的繁衍做出巨大贡献。生殖器按男女性别来分，分为男性生殖器和女性生殖器。

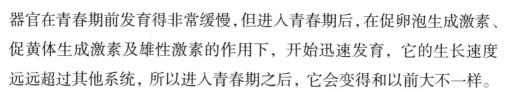

男性生殖器官分内外两部分，即内生殖器和外生殖器。内生殖器包括睾丸、输精管和附属腺，外生殖器包括阴囊和阴茎。这些器官在青春期前发育得非常缓慢，但进入青春期后，在促卵泡生成激素、促黄体生成激素及雄性激素的作用下，开始迅速发育，它的生长速度远远超过其他系统，所以进入青春期之后，它会变得和以前大不一样。

至于阴茎旁边的两个起皱"小口袋"，叫作阴囊。它是由腹壁皮肤形成的，颜色比周围皮肤深。阴囊分左右两半，正中间连接起来，左右两半囊里各有一个睾丸和附睾。阴囊的皮肤有弹性，表面皱褶很多，气温高时会松弛，皮脂腺和汗腺分泌旺盛，加速散热；气温低时收缩，减少散热，并向身体靠拢。阴囊的这种自动调节，能保护睾丸的生精功能哟！

时隐时现的睾丸

留言板：

"究竟什么是睾丸呢？它长什么样？它会和我一样不断长大吗？有时候我去摸阴囊，感觉有时候会摸到硬硬的实物感，有时候又摸不到了，这是为什么呢？爸爸说我可能是患了隐睾症。什么是隐睾症，它是一种病吗？心中有点害怕呢，我究竟要怎么办？"

——忧心忡忡的晓峰　12 岁

@ 忧心忡忡的晓峰

睾丸属于男性内生殖器官，长在阴囊里，左右各有一个。它呈微扁的椭圆形，颜色灰白，表面光滑。正常成人的睾丸长度为 3.5～4.5cm，宽度为 2～3cm，厚度为 1～2cm，每侧睾丸大约重 10～15g，一般左侧略低于右侧 1cm 左右。也可能有的男孩的睾丸是一大一小，一高一低的，如果差别不大，这些都属于正常状态。

睾丸是随着性成熟而迅速生长的，到老年后，会随着性功能的衰退而萎缩变小。

晓峰你要小心哟！隐睾症的确是一种病，如果你自查时，发现睾丸不在阴囊里，要尽快去医院检查。如果它们不在阴囊里，那么它们就不会正常发育成熟，到青春期后睾丸还会萎缩，萎缩的睾丸很容易发生癌变，甚至可能会增加男孩子以后得睾丸癌和不育症的概率，尤其是双侧隐睾可是引起不育症的主要原因。

在这里，所有男孩儿要注意啦，要认真仔细地检查自己的阴囊。一般在阴囊两侧都能摸到蚕豆大小的睾丸，并逐渐长至鸡蛋大小，摸的时候会有实物感。如果阴囊空虚，不能摸及睾丸，或只有一个，那就可能是隐睾症了。如果怀疑自己得了隐睾症，就要及时去医院检查。

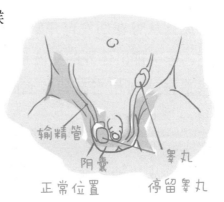

输精管　阴囊　睾丸　正常位置　停留睾丸

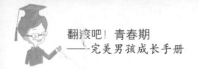

让人尴尬的遗精

留言板：

"前几天早上起床，我感觉床单湿湿的，低头一看，发现床单上有一摊白色黏黏的东西，好尴尬，以为自己尿床了，可是用手摸上去黏黏滑滑的，闻一闻还有一股腥味，这是什么呢？我是不是生病了？我赶紧把床单拿下来，偷偷地去卫生间清洗干净，有点害怕。其他男孩也会这样吗？后来也有几天早晨起来，发现有类似的情况发生，真的有点担心，这是什么原因造成的？它有什么规律吗？"

——困扰的小耳朵　14岁

@ 困扰的小耳朵

小耳朵同学，你所说的这种情况叫作遗精。它是一种正常的生理活动，是每个男孩都会经历的，所以不需要担心！

遗精是男孩们进入青春期以后，在非性交的情况下精液自行泄出的现象，又叫作遗泄、失精。而在睡梦中精液自尿道排出的现象则叫作"梦遗"。

男孩从青春期发育开始到十三四岁都会有遗精发生，每次排出体外的精液量为3～5毫升左右。如果遗精达到相当高的频率时（每一至两天1次以上），就会对你的健康产生影响，所以男孩们要注意哟！

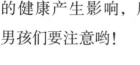

遗精是没有规律可循的，一般一个月在 1～5 次左右都是正常的。如果是初次遗精，精液应该是呈透明状，但随着睾丸发育的成熟，精液会慢慢变成白色，摸上去的感觉是滑滑的，还会有腥味，粘在裤子上干了之后会硬化。

健康小提示：

男孩产生遗精现象的原因有很多种，下面让我带你来了解一下。

原因一：男孩进入青春期发育后，睾丸就会不断产生精子，每天大约要产生 2 亿个成熟的精子。与此同时，精囊腺和前列腺等也会不断地产生分泌物。随着精子和分泌物的不断产生，在体内储存到一定量时，精液会自动地从尿道排出，也就出现了遗精。

原因二：一些外部刺激也会导致遗精。例如穿紧身裤、盖很厚的被子，或者是习惯于趴着睡觉等等，都可能让生殖器受到刺激，也会出现遗精。

原因三：精神高度紧张或刺激会导致遗精。例如睡觉时，梦到登高、坠落、快速奔跑等过分紧张的事情，都可能会产生遗精；还可能由于对性的要求过分强烈而不能克制，特别是在睡前想与性有关的事情而引起性兴奋，就会导致遗精。

原因四：体质虚弱者、各脏器的功能不够健全者都可能会发生遗精。例如大脑皮层功能不全者，会失去对低级性中枢的控制，而勃起中枢和射精中枢的兴奋性增强，也会发生遗精。

原因五：性器官和泌尿生殖器官患病，如尿道炎、阴茎龟头炎、包茎、包皮过长、前列腺炎等，也可能导致遗精。

梦见喜欢的女孩

留言板：

　　"我觉得班长笑笑长得真的很漂亮，学习成绩也很好。不知道是不是日有所思，夜有所梦，最近几天晚上睡觉，我总会梦见自己对笑笑做一些令人脸红心跳的行为，同时我还会有一种很奇怪的感觉。醒来后，真的让我感觉很不好意思，我该怎么办呢？这样的行为是不是不对？我应该怎样控制自己不做这样的梦呢？"

——梦幻翔翔　15岁

@ 梦幻翔翔

　　翔翔同学，对于正处于青春期的你来说，做这种梦并不奇怪，也不必感到很惊慌。你做的这种梦叫作性梦，是青春期男孩、女孩经常做的一些带有性幻想的梦，比如说看到异性的裸体、与异性进行亲吻、抚摸、拥抱，甚至是性交等等。

　　对于青春期的男孩女孩来说，性梦是十分常见的，而男孩做"性梦"也是青春期成熟的正常心理现象。

　　正处于青春期的男孩女孩们，总是精力旺盛，感情也会变得丰富起来，想要更多地了解两性之间的小秘密，更会对性爱产生好奇心，时常会留意身边与两性有关的电影，以及情人间的亲昵动作等等。这些现象都会对男孩们的心理产生刺激及影响，所以才会经常做一些带有情欲色彩的梦。

一般来说，男孩做性梦的频率要较高于女孩子。也有一些青春期的男孩，由于对性梦不是十分理解，做完性梦后，往往会感觉很茫然，甚至有些男孩还会感到惊恐、害怕、羞愧等。其实对于性梦呢，大可不必如此惊恐的，只要顺其自然就好。

如果性梦发生得十分频繁，那就要查询原因了。需要注意的是：对于青春期的男孩，你们无论在心理上还是生理上，都处于发育阶段，还不够成熟，控制力相对也比较弱，如果过分地沉迷于性梦中的内容，不仅会影响到正常的生活和学习，还会对你的身体健康带来一些不必要的麻烦。所以，男孩不要过多地关注与性有联系的电影、书刊等等，可以多参加一些体育运动，把旺盛的精力发泄出去，晚上也就自然会很少做性梦啦！

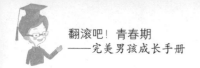
第二章　男孩儿的私密问题

阴毛是怎样长出来的?

留言板:

　　"昨天晚上洗澡的时候,我发现阴茎附近长了好多奇怪的毛毛,像黑森林一样,这是怎么回事呢? 好想剪掉呀! 我现在都不敢和同学去游泳了,就怕被别人看到,感觉好奇怪呀! 后来我偷偷地去问了爸爸,才知道那个黑黑的毛毛叫作阴毛,是每个成年人都有的,这样我就放心了。"

——奇怪的小猫　14 岁

@ 奇怪的小猫

　　亲爱的小猫,爸爸说得对,男性下面长出来的毛毛叫作阴毛。长阴毛属于正常的现象,几乎是每一个人都有的哟! 所以不必为此感到羞耻,更不要剪掉那些毛毛。

　　男孩一般是从 14 ～ 15 岁开始,在雄性激素的作用下,其阴部毛囊就会长出很多细小的毛毛,随着男孩的成熟,这

些毛毛就会变得越来越多，形状也会变得卷曲，等到男孩长大成熟以后，这些阴毛就会变得更加卷曲、粗黑、浓密、呈菱形分布，甚至有一些人的阴毛还会蔓延至大腿内侧及接近肚脐的地方呢！

阴毛可以保护我们的身体，吸收汗液和黏液，并向周围发散。另外，阴毛还有一定的保暖作用，能够保证男性精子正常的生存温度。

为什么每个男生的阴茎大小不一样呢？

留言板：

"告诉你一个小秘密。那天我去卫生间的时候，发现每个男孩的'小弟弟'都不一样大呢？后来，我也和表哥比过，我发现表哥的'小弟弟'比我大，这是怎么回事呢？难道是我有问题吗？还是每个男孩的'小弟弟'大小都不一样呢？现在我有些担心，能不能帮我解答一下？"

——风中的闪电　14岁

@ 风中的闪电

好多男孩都喜欢去比较自己"小弟弟"的大小，在公共浴池或更衣室，甚至是卫生间，都会偷偷与周围的人进行比较。如果感觉自己的"小弟弟"比别人短或者小了，还可能会自卑。其实，这是一种误会。

一般来说，男孩在进入青春期以后，阴茎也会有显著增大。有一些男孩会发现，他们的"小弟弟"在疲软时，看起来长度

小　　大

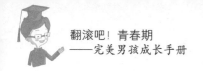
差异较大，但是，在勃起之后差异就很小了。也就是说，不论你的"小弟弟"在疲软状态下是较大还是较小，一旦阴茎勃起后，大小总是和别人不相上下。

同一个人的阴茎大小及长度在不同环境中也是不一样的，它可能会随着外界环境的变化而变化。例如，紧张、寒冷或严重疲劳也可能会使你的阴茎短缩。

因此，我们说男孩们的"小弟弟"是有差别的，它们都是有长有短、有粗有细的，大可不必为此而感到奇怪或者担心，甚至产生自卑心理。

阴茎偏了是生病了吗？

留言板：

"昨天晚上，'小弟弟'勃起的时候，我发现它怎么偏左了，并不是在正中间的位置，难道是我的"小弟弟"发育畸形？这是不是很严重的病呢？难道要去医院进行矫正吗？这种情况让我感觉好尴尬啊！"

——天空中飘浮的云　15岁

@ 天空中飘浮的云

或许许多男孩们都曾发现，自己的阴茎处于勃起状态的时候，会出现偏斜或弯曲现象，这种状况通常会让男孩感到非常尴尬、害羞。

从生理结构上看，阴茎是由两个阴茎海绵体和一个尿道海绵体组成。当三个海绵体充血膨胀后，阴茎自然就会勃起，而这三根海绵体分别位于阴茎的左、中、右，如果右边的那根海绵体较短，阴茎自然会歪向右边；如果中间的那根海绵体较短，则会向下弯曲。

阴茎海绵体

尿道海绵体

阴茎在勃起后，并不一定与身体完全呈 90° 角。而且阴茎呈疲软状态后，由于阴茎海绵体疲软程度不同，也不一定就指向下方，这些都属于正常现象，男孩们千万不必太过担心，更不要感觉自卑。

至于你说的这种现象，可能是因为你的阴茎右侧海绵体发育比较充分，左侧海绵体较短，而导致你的阴茎偏向左边。

还有一种比较严重的情况，当男孩的阴茎侧弯变形或勃起感到疼痛时，就要引起注意了，需尽快到医院进行检查才行！

睾丸怎么会大小不一样呢？

留言板：

"前几天我爸爸告诉我，要时刻给自己的睾丸进行自检。当我抚摸长在阴囊里的睾丸时，发现左右两边的睾丸不一样大，这是不是不正常呀！"

——飞翔的羽毛　13 岁

@ 飞翔的羽毛

在本书第一章的内容中，我们已经了解了什么是睾丸。睾丸是属

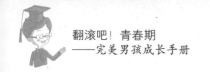

于男性内生殖器官，长在阴囊里，左右各有一个。

在正常成年男性中，左右两边的睾丸大小不是完全相同的。一般来说，右侧睾丸略大于左侧睾丸，而左侧略低于右侧 1cm 左右。

所以，大多数男性的睾丸，都是一大一小，一高一低的，左右并不是完全一致。如果差别不大，就属于正常状态哟！

时刻关注并了解自己的睾丸正常时的大小，是有利于及时发现病变的。

如果平时在检查测量时，两侧睾丸的大小与过去测量时大小基本相似，那就基本处于正常状态。如果近期内突然出现其中一侧睾丸明显增大，那就有可能患有睾丸肿瘤。

如果发现一侧睾丸增大的同时，还伴有发热及局部疼痛，那就有可能是患上了附睾炎或者睾丸炎。

无论有以上哪一种情况，都应及时到医院进行检查，切不可粗心大意哟！

我需要睾丸自检？

留言板：

"上个月，我表哥洗澡的时候，无意中摸了一下睾丸，发现自己的右侧睾丸有一个1厘米左右的硬块，反复按压也没什么感觉，当时也就没在意。可没过多久，在公司健康检查中，被发现患有睾丸癌，当时我们全家都吓坏了。我表哥年龄也不大，就患了这种病。从那儿以后，我爸爸经常让我进行睾丸自检，随时关注自己的健康，不过我不知道自己的检查方式是不是正确。"

——迷茫的小雷　14岁

@迷茫的小雷

小雷，对于你表哥的不幸，我很难过。爸爸教你的做法是对的，对于男性的睾丸，要经常定期进行检查，大概每4～6周就要做一次，防止发生病变！

在自检之前，可以先洗个暖水澡，这样可以让阴囊皮肤更加放松、柔软，睾丸自然下垂后，更容易发现异常情况。

现在开始进行睾丸自检吧：

让身体放松站直，使阴囊自然下垂，将阴囊托在双手手掌上，仔细观察和体会它的重量及大小，一般左侧睾丸位置略低于右侧。

自我检查

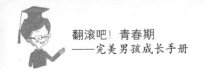
然后分别检查每侧睾丸，用拇指及食指、中指，使睾丸轻轻滚动，检查它的大小、表面是否光滑及里面有没有硬块，并注意左、右侧睾丸有没有不同之处。

如果出现一侧睾丸肿大突出得格外明显，或者形状不均匀，或者在睾丸前面、侧面摸到豌豆大小的硬结，或者触摸时发现睾丸质地比以前变得坚硬但无压痛感等等，就要及时找医生进行检查，以免耽误治疗。

健康小提示：

1. 男孩在青春期发育之前，需要提高警惕。要注意一下包茎，如果出现每次排尿时不通畅，排出尿液呈散花状，尿道口会鼓起水泡，局部还会红肿、有疼痛感，需及时去医院检查。

2. 当男孩进入青春期以后，也要用手撸一下包皮，看看阴茎头是否露出来，如果不能露出龟头，包皮仍然包裹住全部或大部分龟头，可能是包皮过长，同样是需要去医院进行治疗的。

精子是从哪里来的？

留言板：

"小时候，我经常问爸爸自己是从哪里来的？爸爸回答说：'爸爸的精子和妈妈的卵子结合以后，就有了现在聪明活泼的我。'可是，我还是有一个疑问，就是精子到底是从哪里来的？然后又去了哪里呢？这个问题始终困扰着我，希望您能帮我解答一下。"

——潘多拉的盒子　12岁

@ 潘多拉的盒子

关于精子的问题，相信大多数男孩都会为之困惑呢！

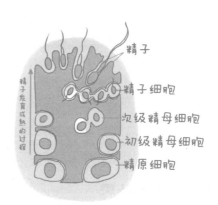

精子
精子细胞
次级精母细胞
初级精母细胞
精原细胞

一个精子的发育成熟，大约需要3个月左右的时间呢！其主要过程是在睾丸曲细精管内进行的。

精子的最原始阶段是精原细胞，精原细胞经过数次有丝分裂后，成长为初级精母细胞，1个初级精母细胞继续分裂成为2个次级精母细胞，然后再进行一次成熟分裂，形成4个精子细胞。

此时的精子细胞仍在继续发育，只是不再进行分裂，但在形态上发生了复杂的变化而成为有头、有尾的精子，头部参加受精，尾部的鞭毛运动使精子具有活动能力，最后进入管腔内。这样，精子在睾丸内的发育过程就基本完成了。

当精子从睾丸产生出来以后，会进入附睾，在附睾头停留大约2～3周，进一步发育成熟，最后发育为具有运动和受精能力的成熟精子。

发育成熟的精子，通过与附睾相连的输精管和精囊腺的排泄管合起来的射精管，进入尿道，进行射精，这就是精子排出体外的途径哟！

精液就是精子吗？

留言板：

"有一次我在睡梦中遗精了，当时自已很紧张，也有点害怕，爸

爸告诉我，这是男孩必经的过程，不要害怕。爸爸还说我射出来的精液就能生出小宝宝，那时我很疑惑。后来在生理卫生课上我了解到，男性的精子和女性的卵子结合就会有小宝宝。那我就不明白了，怎么精子和精液都能生小宝宝呢？是不是精液就等于精子呢！"

——神秘的世界 13 岁

@ 神秘的世界

精液主要由精子和精浆所组成，其中精子大约占 5% 左右，其余的 95% 就都是精浆了，可见，精液并不等于精子。

精液、精子和精浆有以下不同之处。

精子：由睾丸产生的，有头和尾。头部参加受精，尾部使其具有活动能力。

精浆：由前列腺、精囊腺和尿道球腺分泌产生。主要含有果糖和蛋白质，还有前列腺素和一些酶类物质。精浆中的这些物质是为精子提供营养物质基础的。

精液：主要成分是水，占 90% 以上，其余是果糖、蛋白质、脂肪、多种酶类和无机盐。一般正常的精液呈现出乳白色、淡黄色或者无色。刚刚射出的精液呈稠厚胶冻状，在 1 小时之内会变成液体。一毫升精液中，大约含有 6 千万至 2 亿个精子。

精子占百分之五

精浆占
百分之九十五

睾丸产生精子

精子是什么样子的？

留言板：

"我知道精子是从睾丸中产生出来的，精液并不等于精子，那么精子到底长什么样呢？我们的肉眼能不能看见它呢？"

——小恶魔达达　12岁

@ 小恶魔达达

告诉你哦，我们用肉眼是看不到精子的，只有在光学显微镜下才可以看到精子。

前几节我们已经了解，精子是男性或其他雄性动物的生殖细胞，在睾丸中产生，并储存于附睾。现在让我来告诉你，精子到底是什么样子的。

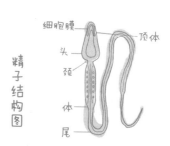

精子结构图

人类男性的精子形状像一只小蝌蚪，长50～60微米（0.05～0.06毫米）。精子是人体中最小的细胞。

精子的结构一般可分为头、颈和尾三部分。其头部主要由细胞核和顶体组成，呈圆球形、长柱形、螺旋形、梨形和斧形等，主要负责携带亲代遗传基因；其颈部位于头部以后，呈圆柱状或漏斗状，又称为连接段，含有大量线粒体以提供能量；其尾部则具有运动功能，使精子能向前游动。

在男性一次正常的射精过程中，精液中精子的个数大约有2亿个到5亿个，但是在精液的总体积中仍然只占有很小的比例。

可以自己控制遗精吗？

留言板：

"最近一段时间，我发现自己每周都会遗精两次以上，晚上睡觉也睡不好，经常失眠，白天的时候时常感觉没精神，浑身没力气，吃饭也没什么胃口，有时还会头痛，腰部和腿部也有一种酸痛的感觉，这是怎么回事呀？是不是遗精过于频繁造成的后遗症呢？好烦啊，能不能帮帮我呢？"

——被遗忘的风　14岁

@ 被遗忘的风

亲爱的小风，遗精是一种正常的生理现象，它标志着性机能的成熟。

又遗精了怎么办

对于青春期的男孩来说，如果遗精过于频繁，一个月内超过6次，那就不太正常啦！频繁遗精对身体的影响是非常大的，会造成身体无力、没精神、失眠、全身酸痛等现象。建议你尽快去医院检查，以免延误治疗时机。

健康小提示：

下面来介绍几种控制遗精的小妙招，供男孩们参考一下。

1.对无规律的遗精，要顺其自然，千万不要强制地抑制它。更不要因为遗精而产生过分紧张、恐惧、自责、羞耻、抑郁等情绪，如果长期处于精神紧张、压力过大的状态，对身心都是非常不利的。

2.减少一些外部刺激。不要去关注一些与两性有关的电影、书刊等，这样可以减少对心理上的刺激。

3.养成良好的生活习惯。比如说要保持性器官的清洁卫生，尽量不穿过紧的内裤，睡觉前用温水洗脚，保持良好的心态，早睡早起，睡醒后立即起床等等。只要形成良好的生活习惯，保持良好的作息规律，就能减少频率。这些方法只能减少引起遗精的可能性，不能避免正常遗精。

4.不要手淫，还要禁烟禁酒。

5.注意身体健康，不能过度劳累。身体虚弱、过度劳累容易造成全身各器官功能失调，也会引起遗精。

雄性激素是什么？它有什么作用呢？

留言板：

"我总是听说男孩体内有雄性激素，男孩受到雄性激素的刺激，进而逐渐成长为成熟男性，可是一直不知道雄性激素到底是什么？它到底有什么重要作用呢？能不能给我讲一讲呢？"

——微笑的魔鬼 13岁

@ 微笑的魔鬼

小魔鬼，很高兴为你解答这个问题！

前面几个章节我们已经了解很多关于"青春期男孩的小秘密"。下面我们就来说说青春期的魔力元素——雄性激素。

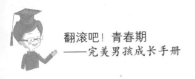
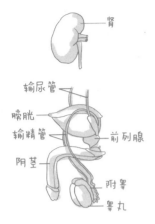

肾

输尿管

膀胱

输精管

前列腺

阴茎

附睾

睾丸

对于男性来说，雄性激素是非常重要的，它对青春期男孩身体逐渐步入成熟状态具有神奇的魔力。

雄性激素主要是由睾丸产生的，肾上腺皮质、卵巢也能分泌少量的雄激素。

在人类的婴幼儿、儿童时期，无论是男孩还是女孩，体内雄、雌性激素分泌的量都是大致相等的，几乎没什么变化。在进入青春期以后，体内分泌的激素量有明显增加，也开始因为性别不同而出现激素分泌上的差别。也就是说，在男孩体内主要是以雄性激素为主，而在女孩体内主要是以雌性激素为主。

雄性激素的作用主要是刺激男性生殖器官生长和发育，维持生殖功能和正常的性特征以及性功能，另外，雄性激素还能促进蛋白质的合成与骨骼及骨骼肌的生长。

因此，男孩进入青春期以后，体内的雄性激素分泌会越来越多，这就让你们慢慢地走向成熟。

阴茎受伤了，我该怎么做？

留言板：

"昨天校际足球比赛时，在奔跑中，隔壁班的小威被队友踢过来的球正好打中了'小弟弟'的位置，当时，小威疼得用双手捂住'小弟弟'就蹲了下去，老师和同学们也吓坏了，立刻围了过去。后来，受伤的小威被送到了医院。我知道，男孩的'小弟弟'是很重要的，而且也非常脆弱，一定要重点保护，千万不能让它受伤。可是，意外常常会发生，万一我的'小弟弟'真的受伤了，我要怎么办呢？

——炽热的火焰 14岁

@ 炽热的火焰

男孩的"小弟弟"可以说是身体上一个非常重要也是非常脆弱的部位。它对外界压力是很敏感的，如果你稍微用点力气去掐一下睾丸，就会感觉疼痛难忍。如果是更用力地去撞击，一定会疼得满地打滚儿，甚至会晕厥过去呢！

注意清洁

所以说男孩的"小弟弟"是一个碰不得、掐不得的娇嫩器官，一定要特别注意保护好才行哟！

一般来说，男孩的生殖器受到伤害，大多是阴囊创伤，因为阴囊里的睾丸布满大量的神经，外面有一层又厚又韧的白膜，是经不得一丝挤压或撞击的。

其次容易受伤的才是阴茎。因为男孩们在运动时，阴茎一般都不会处于勃起的状态，所以在运动中伤到阴茎的可能性是非常小的。

如果阴茎受到剧烈撞击后，阴茎皮下有大量血肿、阴茎角度弯曲或者阴茎勃起时有弯曲的现象，就有可能是阴茎的海绵体受伤了。此时一定要尽快去医院检查哦，不然因为阴茎弯曲而影响今后的性功能那就得不偿失啦！

裤子过紧、过窄

男孩子平时要注意保持生殖器的干燥与洁净，

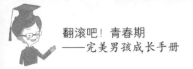
不要穿过于紧身的裤子，蹲下或骑车时避免被挤压或撞击。另外，在运动游戏时，不要做危险的动作，这样才能避免给"小弟弟"带来伤害。

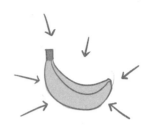

过度受到挤压

"性"是什么？

留言板：

"我总会在卫生教育书中或者电视中看到有关'性'的话题，比如说性意识、性能力、性欲、性爱等，那么究竟什么是'性'呢？我一直没有明白，能为我解答一下吗？"

——十万个为什么　12岁

@十万个为什么

关于"性"的问题，一直是个非常敏感甚至禁忌的话题呢！

其实，人类的"性"是一种天生的本能，除了可以繁衍后代以外，"性"也是人类正常的生理需求。

当男孩进入青春期以后，由于生殖器官的成熟和性腺的发育，性激素的分泌也会随之增加，使男孩的性意识觉醒，并产生性欲。比如说男孩有时会感到全身紧张，伴随着阴茎的勃起充血等等，为了排解这种状况，可能有一些男孩会通过手淫来缓解，也有一些男孩对性产生好奇和欲望，进而发生性行为。

对于青春期的男孩来说，无论从生理上还是心理上都还处于不成熟的阶段，频繁的手淫或者发生性行为对身心健康都是不利的，而且还会对学习和生活产生一定影响。

所以，建议青春期的男孩们可以通过正常渠道了解有关"性"的知识、"性"的道德、与"性"有关的价值观等，真正地认识"性"。但不要为了满足自己的好奇心及性需求，轻易去做不健康的事情哟！

我的性成熟了吗？

留言板：

"我现在已经15岁了，是不是已经性成熟了呢？是不是可以和自己喜欢的女孩结婚生宝宝了呢？"

——超速飞车　15岁

@ 超速飞车

哈哈，飞车同学，你未免太着急了吧？我们所说的性成熟，不仅仅指生理上的性成熟，还包括心理性成熟。如果过早地发生性行为，对今后的身心健康发展都是非常不利的，更会给学习和生活带来严重影响哦！

性成熟的过程主要是发生在青春发育期，这时，身体在生长、发育等诸多方面均发生了显著变化。同时心理上也会发生

变化，比如说对异性的向往，希望异性注意自己，开始有性兴奋等。

虽然男孩性成熟的标志是第一次遗精（往往为梦遗），正处于青春期的男孩们，也已经有一些生理上的变化和心理上的冲动，但你们无论是在生理还是在心理上都还处于发育阶段，并不能算是完全的性成熟。在生理上，你们的一些生殖器官还没有完全发育完成；而在心理上，15 岁的年龄还不能够承担起作为男人的义务，也不能够为自己的一些不当行为承担后果。

同学，你还是不要妄想"偷吃禁果"啦，等自己成为真正的男子汉的时候再说吧！

男生也会被人性骚扰吗？我该怎么做呢？

留言板：

"昨天晚上，我的同桌许墨被一个陌生的叔叔跟踪了，当时他也没在意，没想到那个人竟然上前抱住了许墨。当时许墨被吓坏了，然后就开始了反抗，后来那个人被他的叫喊吓跑了。第二天，同桌没来上学，听老师说，许墨现在对同性产生了恐惧心理，不敢和人接触。通过这件事，我才知道，原来男孩也会被性骚扰，真是要提高警惕。"

——自恋的帅帅　15 岁

@ 自恋的帅帅

对于许墨的遭遇，我感到非常遗憾。

一般来说，人们常常认为只有女孩容易遭到坏人的性骚扰，甚至性攻击，所以女孩应该要加倍小心，时时注意安全。而男孩呢，常常觉得："我是男孩，怎么可能被性骚扰呢？再说了，就算被'摸'一下又有什么关系呢，何必大惊小怪、小题大做呢？"

其实，这种观念是错误的。在生活中，男孩也有可能被性骚扰。就像许墨，因为平时他没有保护自己的意识，在遇到了"性骚扰"以后，就产生了一些心理问题。所以，男孩也要时刻保护好自己，防止被人性骚扰。

当然，性骚扰不仅仅包括直接行为上的性侵犯，还包括一些其他方式的性骚扰。比如说，用一些淫秽语言进行挑逗；让你看一些色情的图书、电影；拍摄你的裸体；强迫抚摸你的隐私部位等等。这些行为都属于性骚扰的范畴哟！

健康小提示：

那么，当男孩们面临性骚扰时，应该怎么做呢？

1.男孩们应树立强烈的"自我保护意识"，要知道自己身体的有些部位是坚决不能让别人触摸的，如果遇到言语上的挑逗或刺激，也要严厉拒绝！

2.晚上尽量减少独自出门的情况，尽量不要让自己处于孤立无援、缺乏保护的危险境地。一旦遇到性骚扰的情况，也不要害怕，要呼喊求救，争取尽早摆脱危机。

3.当性骚扰已经发生，请记住一定要告诉你的父母、老师，不要独自承担后果，因为那不是你的问题，不能因此而软弱、胆怯，或者采取一些激烈手段来惩罚自己。如果有必要可以试着去找心理医生帮忙。

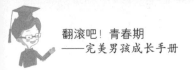

手淫会不会影响身体健康？

留言板：

"最近一段时间，我总是有抚摸自己'小弟弟'的冲动，这让我感觉非常兴奋与舒适。我知道这样做是不对的，可又控制不住自己，该怎么办呢？这样做会不会影响到自己的身体健康呢？"

——雨中漫步的金鱼　16岁

@ 雨中漫步的金鱼

男孩进入青春期，受到雄性激素刺激后，使生殖器官不断发育，其生理敏感性也会不断增强，这时，就会有了抚摸"小弟弟"的念头，会通过手或者某种物体来刺激性器官而产生性兴奋，这种行为叫作"自慰"，它属于一种自我安慰的手段，是释放性能量、缓解性心理紧张的一种方法，属于青春期男孩们的常见现象。

自慰很容易上瘾，过度的自慰不仅会损伤身体，引起身体疲劳，还会使男孩的精神萎靡、意志薄弱、多疑、暴躁、恐惧、做事情缺少耐性，更会给生殖器官带来不良影响。

频繁的手淫会使"小弟弟"经常性充血，再加上手接触"小弟弟"的方法不当，有时过于用力或过于粗暴，这样都会使"小弟弟"经常勃起、充血，给身体健康带来一些危害。例如，出现腰背酸痛、排尿滴沥不尽、尿道灼热、会阴部不适、下腹坠胀等等。

自慰这种行为不仅对身体、心理造成负担，还会给你的生活和学习带来很严重的影响！因此，男孩们要努力克服自慰的冲动！

健康小提示：

来看看，该如何克服这种不良行为吧！

1. 减少外界的刺激。不要看那些黄色书刊、杂志、影片，这样可以减少性冲动导致的自慰。当产生性意念时，要自觉地转移注意力，不要胡思乱想，平时也可以多参加体育运动，培养一些兴趣爱好，让自己旺盛的精力和体力得到释放。

2. 养成良好生活习惯。保证充足睡眠，早睡早起，避开自慰的时间与环境。尽量不要穿紧身裤，更不要趴着睡觉。

3. 合理饮食。不要吃一些油腻的食物，晚餐不要吃太多刺激兴奋性的食物和饮料，比如咖啡、辣椒，等等。

4. 讲卫生，勤洗澡，勤换洗内裤，防止因性器官瘙痒而用手去抚摸下体，除了上厕所之外，尽量不要接触身体的隐私部位哟！

5. 忌烟忌酒。

看到电影里的亲热镜头，为什么阴茎会变硬呢？

留言板：

"前几天去同学家看电影，当看到电影里出现一些亲热镜头时，我的'小弟弟'马上就变硬勃起了，而且下面还会流出一些乳白色的液体，当时我好尴尬，马上借口去上卫生间。这究竟是怎么回事呢？我不会是生病了吧？"

——漂泊的风筝　15 岁

@ 漂泊的风筝

漂泊的风筝，不用紧张；这完全是一种正常的生理反应，可不要以为是生病了哟！

男孩们在进入青春期以后，对于有关性的事物都会变得高度敏感。当受到意识上及视、听觉上有关性的刺激后，会产生莫名的兴奋与冲动，阴茎也就会不自觉地呈现出勃起充血的状态，还可能会从尿道口流出少许清亮的或略带乳白色的分泌物。

简单地说，这些现象都是青春期的性腺激素惹的"祸"。这是男孩在成长发育过程中正常的性生理和性心理现象。因为人的性腺在出生后基本处于"睡眠"状态，儿童期是不会产生性兴奋感的。只有到了青春期，男孩的性腺开始发育并逐渐趋于成熟，于是在它的作用下，产生了雄性激素。

男孩在雄性激素的作用下，会产生性意识，会对与性有关的东西产生好奇心，并且会经常产生性冲动，这种现象在青春期发育中其实是正常的。

但是，对于正处于学习阶段的你来说，尽量不要看一些与两性有关的影视作品与书刊，以免影响学习哟！

和女生拥抱、接吻是性行为吗？

"小时候，我经常做一些'过家家'的游戏，那时候和女孩子搂搂抱抱都没有关系，可是随着逐渐长大，我发现男孩和女孩之间的一些亲密动作已经不被允许了，甚至是拉拉小手、一个友善的拥抱都感觉难为情。前几天，我们上生理卫生课，我接触到一个词语——性行为。当时，全班同学都感觉非常不好意思。我不明白到底什么是性行为，难道男孩和女孩拥抱、接吻都是性行为吗？"

——划破长空的闪电　12岁

@ 划破长空的闪电

一般来说，人类在幼儿或者儿童时期，对于两性关系还没有什么概念，所以那段时期，男孩女孩做一些亲密动作，不会有什么影响。但随着年龄的增长，男孩女孩们进入了青春期以后，他们无论在生理和心理上都会产生变化，渐渐地性意识及性能力也会随之产生，也因此产生对性的好奇与冲动，这些都是非常正常的生理和心理现象，没有必要感觉难为情哟！

大多数人常常会认为性行为是：男性性器官和女性性器官的结

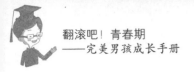
合。确切地说，这种观点不完全
正确。

性行为并不仅仅意味着性交，
还包括偷看异性的裸体，手淫，
与异性接吻、拥抱、爱抚，阅读
色情小说、观看色情电影等。

对于正处于青春期的男孩们，
不要认为性行为是错误的、是难为情的、是不被认可的，因此而产生
一些抑郁、烦躁、悲观的不良情绪。

青春期的男孩们应该通过正当的、健康的方式去了解性知识，科
学正确地认识行为，不要随意地发生性行为，只有这样，才能使自己的
身心健康成长哟！

宝宝从哪里来？

留言板：

"在我很小的时候，就有一个疑问，自己到底是从哪里来的呢？爸
爸妈妈告诉我，我是他们爱情的结晶。当时的我很不理解，有了爱情就
有了宝宝吗？我也喜欢我家隔壁的小惠，难道我们要有宝宝了吗？"

——小精灵瑞瑞　11岁

@ 小精灵瑞瑞

哈哈，亲爱的瑞瑞，当男孩和女孩成年以后，他们会产生爱情火花，
并且很渴望能够经常在一起。慢慢地，他们会通过牵手、拥抱、亲吻，其

至是结婚来表达爱意，然后生活在一起来延续他们的爱情。

当他们有了一定生活基础后，愿意承担养育宝宝的责任时，他们就会准备孕育一个属于他们的爱情结晶——宝宝。

为了能孕育宝宝，男性的阴茎就会充血勃起，而女性的阴道会分泌出柔滑的乳白色或透明色液体，起到润滑作用。

接下来，男性的阴茎就会进入到女性的阴道中，并且男性通过射精，把精子射入女性体内。而女性的卵巢每个月也会排出一个成熟的卵子，并且进入输卵管等待与最强壮的精子会合。

然后许许多多精子像小蝌蚪一样奋力地向那颗等待着的卵子游去，游得最快的精子与卵子结合后，就变成了宝宝的种子。

宝宝的种子在妈妈肚子里经过十个月的孕育，慢慢吸收营养，逐渐地成长为一个健康的宝宝。等到十个月过后，已经成熟的宝宝就会从妈妈的阴道中生产出来了。

发生性行为之后，就会有宝宝吗？

留言板：

"嗯，现在我已经知道只要精子和卵子结合后就会有宝宝，那么是不是只要发生性行为，之后就会有宝宝了呢？"

——天堂的小巷　13岁

@ 天堂的小巷

亲爱的小巷，答案是否定的。

男女发生性行为以后，不一定会
有宝宝的。前面我们已经了解到，男
性的阴茎进入女性的阴道后，男性通
过射精，把精子射入女性体内，然后许
许多多精子像小蝌蚪一样游向一颗卵子，游
得最快的精子与这颗卵子结合后，就变成了宝宝
的种子，慢慢地，宝宝在妈妈肚子里吸收营养而逐渐长大。

但是，如果精子和卵子无法结合，或者有一些由于生殖器官异常
妨碍精子和卵子相遇，那么，就算发生性行为，也是不能够怀孕生宝
宝的。

怎么样才能防止过早地发生性行为？

留言板：

"前段时间，我在电视上看到这样一则新闻：一对15岁的男孩
女孩生了一个宝宝。当时，我很震惊，和我同龄的男孩已经当了爸
爸，真是不可思议。后来妈妈告诉我，这是不对的，我们还是孩子，
无论在生理还是心理上都是不成熟的，过早地发生性行为并不利于健
康成长。"

——飘落的枫叶　15岁

@ 飘落的枫叶

亲爱的小枫叶，妈妈说得很对哟！

青春期男孩正处于生长发育阶段，无论在生理还是在心理上都还没有成熟起来，大多数的青春期男孩只是因为对性知识及性行为产生好奇心，并渴望追求其中的刺激，一时冲动做出了一些本不该发生的事情。

如果青春期男孩过早地发生性行为，无论对身体的健康，还是心理的健康，都会造成严重的影响。

因为在这一时期，男孩的生殖器官还没有发育成熟，很容易引起不同程度的性功能障碍，成年后更容易发生腰酸、早泄、阳痿、易衰老等。而从心理上，因为过早地发生性行为，也会因害怕暴露而产生恐惧、悔恨等不良的负面情绪。

健康小提示：

那么，男孩们要如何预防过早的性行为呢？

1. 要正确地了解、认识一些关于性的知识，包括如何避孕，如何在发生意外怀孕后正确处理等等。

2. 在生活中，男孩们要远离那些色情电影、书刊，减少性诱惑的可能，以免情绪受到影响，无法控制。

3. 培养一些个人兴趣爱好，转移注意力。

4. 多参加一些体育运动，把多余的精力与能量释放出去，这样能起到缓解情绪的作用。

如何避免怀孕？怎么样使用避孕套？

留言板：

"我经常从电视中看到'意外怀孕'的广告，到底应该如何防止意外怀孕呢？是用避孕套吗？要怎么样使用避孕套呢？能不能告诉我呀！"

——霹雳火寒风　16岁

@ 霹雳火寒风

很多年轻的男孩女孩还不了解爱情的定义，往往因为追求一时的刺激而做出不当的行为，而这种行为的后果又往往是他们难以承担的。

当他们在进行爱之初体验时，因为经验不足或采取的措施不当，通常很容易让女方怀孕，甚至会让自己的身体感染一些性病，所以，从性安全、性卫生角度考虑，应该使用避孕套哟！

避孕套不仅使用起来很方便，而且对避孕和预防性病有很好的效果。

健康小提示：

接下来，就来学习一下如何使用避孕套吧！

第一步：拿到一个全新的避孕套后，首先检查一下它是否是完好无破损的，然后开始使用。注意，使用避孕套的最佳时间是男性阴茎勃起以后，在阴茎与女性阴部接触之前。

第二步：男性使用避孕套时，先将阴茎包皮翻起，这样做可以增加灵活性和减少避孕套在性交中破裂的风险。然后把避孕套套在阴茎的顶端，慢慢地把阴茎包起来。

第三步：注意在避孕套前端留下一小段来存储精液，大多数避孕套前端会有一个用来存储精液的突出点，在戴避孕套时将它挤扁，不要让空气进入其中将其撑大。如果在使用时，阴茎中止勃起，请换用一个新的避孕套。

第四步：在射精结束后，即使你仍然处于勃起状态，也需要立即把阴茎从阴道中拔出，以避免不必要的风险。在拔出阴茎时，要按住避孕套的根部，防止脱落。

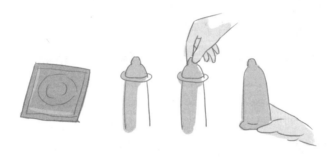

在使用避孕套时，还要注意以下事项：

1. 在挑选避孕套时，要选择合适自己尺寸的避孕套。

2. 尽量不要将避孕套放置在靠近热源的附近，长时期靠近热源会使橡胶老化。

3. 如果没有使用避孕套的经验，可以选择光线明亮的地方练习使用，以保证在性交前能正确顺利地戴上。

4. 注意不要使用过期的避孕套，过期避孕套很可能会在性交中破裂。

5. 避孕套都是一次性的，注意不要重复使用。

宝宝为什么有男有女？

留言板：

"宝宝都是从妈妈肚子里跑出来的，为什么还会有男孩女孩的区别呢？真是不理解！"

——蓝色小妖迪迪　13岁

@ 蓝色小妖迪迪

我们已经知道，只有精子和卵子结合后才会有宝宝的出生。当精子和卵子结合并融为一体后，就成为受精卵，受精卵中的一对染色体才是决定宝宝是男孩还是女孩的关键所在。

人体的每个细胞（包括生殖细胞）中都有 23 对携带遗传物质的染色体，其中 22 对为常染色体，决定除性别之外的全部遗传信息，还有 1 对为性染色体，也就是这对性染色体决定了宝宝的性别。

男性的 1 对性染色体由 X 染色体和 Y 染色体组成，所以分裂成熟后的精子，一种含 X 性染色体的称为 X 精子，另一种含 Y 性染色体的称为 Y 精子。

而女性的 1 对性染色体均为 X 染色体，所以分裂成熟后的卵子都是含有 1 条 X 性染色体。

当精子和卵子结合并融为一体后，就成为受精卵。如果是 X 精子和卵子结合，则受精卵中的一对性染色体为 XX，胎儿发育为女宝宝；如果 Y 精子与卵子结合，则受精卵中的一对性染色体为 XY，胎儿发育为男宝宝。

这是同性恋吗？

留言板：

"我发现自从上初中以后，我就不怎么和女同学说话了。记得以前读小学时，我还会和女孩一起牵手，一起玩耍，一起娱乐。可是现在，大多数时间都和男生在一起嬉戏活动。前几天，我了解到，同性在一起久了，慢慢就会变成同性恋，这是真的吗？我不会成为同性恋吧！"

——月光下的荷塘　14 岁

@ 月光下的荷塘

月光下的荷塘同学，同性恋并不是你所说的，只要同性在一起久了，就会变成同性恋，更不是与同性之间有一些"亲密"举动（比如勾肩搭背、打打闹闹、相互嬉戏）就是同性恋的。

同性恋是指一个人在心理、情感或者性爱上的主要兴趣对象均为同性别的人，这种人才是同性恋哟！

从你的描述中，不难看出，你是一个比较害羞的内向男孩。当男孩进入青春期以后，会不自觉地与女孩划清界限，不会再像小时候那样肆无忌惮地玩耍嬉戏了，这些都是正常的现象。这时候的你身边只有一些男性朋友、伙伴，经常会和男孩一起开玩笑，一起参加体育

我们俩只是好哥们儿

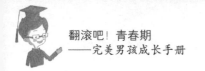
运动，一起打打闹闹、互相玩耍等。这只能表示你对友情比较依赖和重视而已。

　　同性之间的亲密不等同于同性恋。青春期的男孩最原始、最安全的友情就来自于同性之间，千万不要把这种依恋和重视当成同性恋哟！

第三章　展现健康自我

 ## 身体所需要的营养

留言板：

　　"妈妈说我现在正是长身体的时候，让我多加强营养，不能挑食，否则以后就不会长个子啦！我妈妈说得对吗？对于正处于青春期的我都需要补充哪些营养呢？"

——小王子冰冰　13岁

@ 小王子冰冰

　　亲爱的冰冰，你妈妈说得对哟！

　　男孩进入青春期以后，除了身高、体重的快速增长外，最明显的是生殖系统的成熟与第二性征的出现。这一时期男孩们生长发育非常迅速，热量、蛋白质等营养素的需要量也是一生中最高的。因此，日常饮食应多样化、全面化，充足、均衡的营养才能保证青春期男孩身体健康、迅速地成长起来哟！

　　青春期男孩应该如何全面、均衡地摄取身体所需要的营养呢？

　　★ 多吃谷类。谷物是身体热能的主要来源，它能为人体提供充足的能量。一般来说，对于处于青春期的男孩们，每日进餐主食不应少

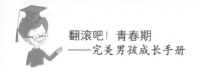
于 500 克，否则时间久了必然会给身
体发育带来不良后果。谷类食物一般
包括稻米、面粉、小米、玉米及甜薯等。

★ 蛋白质的摄入。青春发育期的
男孩因身体生长迅速，身体内各组织、
器官都随之发育、增长，所以体内需
要大量优质蛋白质构造组织、促进生长发育。而你所吃食物中的鸡肉、
鱼肉、猪肉、牛肉、蛋类、乳制品、豆制品等都是蛋白质最好的来源。
每天摄入足够的蛋白质，既能补充营养，又能给身体的发育带来很多
益处。

注意在吃的时候要几种食物混着吃，不要只吃一种哟，这样各类
食物的蛋白质互相补充，才能营养均衡啦！

★维生素。维生素不仅可以预防许多疾病，还可以提高机体免疫力。
好的皮肤和健康的身体更是离不开维生素，男孩们每天所需要的维生
素大部分是从蔬菜和水果里获取的，只要多吃些蔬菜和水果就可以啦！

富含维生素 B 的有芹菜、豆类，
富含维生素 C 的有新鲜红枣、山
楂、西红柿以及绿叶蔬菜等。

★ 矿物质。对于青春期的男
孩来说，矿物质可是生理活动不
可缺少的营养素哟！

1. 钙。钙和磷参与骨骼和神经细胞的形成，如果钙摄入不足或钙
磷比例不适当，就会使骨骼发育不全。食物中的虾皮、海带、乳制品、
豆制品里都含有丰富的钙，所以努力补充吧！

除了从食物那里补充钙以外，还应进行一定量的室外活动，因为

钙的吸收需在维生素 D 的作用下，阳光中的紫外线可使皮肤产生维生素 D，从而辅助机体对钙质的吸收。

2.铁。青春期男孩对铁的需求也高于成人。缺铁会引起贫血，还会出现精神疲倦、乏力、注意力不集中、记忆力下降等。因此，男孩也要补铁哟！

动物肝脏、蛋黄、黑木耳中都含有丰富的铁。另外，维生素 C 可以协助胃肠道吸收铁质，可以多吃一些富含维生素 C 的食品。

★微量元素。微量元素虽然在体内含量极少，但在青春期的生长发育中起着很重要的作用。特别是锌，动物肝脏和海产品中都含有丰富的锌元素哟！

值得特别注意的是，有一些男孩食欲好，偏爱肉类炸制食品，尤其是各种中、西快餐店制作的含高脂肪、高糖、高蛋白质的食品，例如炸鸡、汉堡包、三明治、冰淇淋等。这些食物如果长期食用会伤害脾胃，影响其他食物的摄入，而且很容易引起肥胖甚至增加成年后患心血管疾病的概率，以后还是尽量少食用这些"垃圾"食品了吧，你说呢?

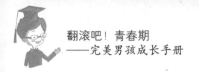

男孩需要进行皮肤护理吗？

留言板：

　　"我们班的女生好奇怪啊，每天手里都拿个小镜子，总是照来照去，还时不时地从书包里拿出一些瓶瓶罐罐，往脸上涂抹，原来女生是在做皮肤护理。做完皮肤护理后，女生的皮肤真的挺好的，白白净净，非常清爽。我都想做皮肤护理啦！"

——帅气的乖乖虎　13岁

@ 帅气的乖乖虎

　　亲爱的小虎，你当然也可以像女生一样做皮肤护理啦！

　　男孩们都很喜欢在户外运动，运动后的皮肤很容易出油，这时的皮肤更容易接触到灰尘，并使之受到刺激，稍不注意就很容易使皮肤变得晦暗粗糙，严重者还会发炎，长出青春痘呢！所以，男孩也要注意皮肤卫生，时刻注意保护你们的皮肤哟！

健康小提示：

　　青春期的男孩进行皮肤护理是很简单的，你做到下面这几点就可以啦！

　　1. 每天都要对皮肤进行清洁工作，最好使用无刺激性的洗面奶等美容洁肤品，洗脸后应顺着肌肤纹理按摩一会儿，这样可以增进皮肤血液循环，保证皮肤干净顺滑。

　　2. 室外活动时要涂防晒霜，皮肤做好清洁后要涂润肤品。男孩要注意根据自己的皮肤情况选择合适的护肤用品。

不可以挤哦

3. 饮食也影响到皮肤的状态，特别要注意少食用一些甜、辛、辣、酸等刺激性食物，它们会使体内缺水、少氧，影响皮肤健康。可以多食用一些新鲜的水果和蔬菜，例如红枣、橙子、桂圆等含有丰富维生素的水果，另外还要多喝水，补充皮肤所需水分。有规律地进食，平衡摄取营养，是皮肤护理的基础哟！

4. 多进行室外活动、多晒日光浴。这样不仅能够增强体质，而且对美容也会起到很好的促进作用呢！因为阳光是一种非常棒的美容剂，它能使体表皮肤中的某些物质转化为维生素 D3，能增加钙的吸收和多种活性激素的生成，而产生润肤美白护发等功效，它还能温暖皮肤扩张血管，加快血液流动和机体代谢，对美肤帮助极大，而且还可以增强皮肤的抗病能力。

5. 保证充足的睡眠。睡眠不足会对皮肤产生极大的影响呢！长期睡眠不足的男孩，一般都面色憔悴、眼圈发黑、眼袋显露，并生出一些细小的皱纹，加速皮肤的衰老。

因此要保证充足的睡眠，使肌体在休息中得到调整和恢复。但睡眠也不能过多，保证 8 小时睡眠就可以啦，否则会导致血液循环过慢、体内缺水过久，这样也不利于肌肤的代谢平衡哦！

6. 如果出现痤疮感染，就要及时看医生，不要用手挤或胡乱使用药物，以免使感染加重。

拒绝眼镜"文化"

留言板：

"我的同桌小杰原本有一双炯炯有神的大眼睛，非常有精神，可是现在却被眼镜遮挡住了，我觉得好难看啊，没有原来帅气了。我很疑惑，本来好好的眼睛，怎么就成了近视眼呢？以前他的视力是很好的呀！"

——神秘的黑豹　13岁

@ 神秘的黑豹

亲爱的小黑豹，其实，造成青春期男孩近视的原因很多，除了我们所知道的，看书距离不合适、光线太暗、用眼过度等原因之外，还有一些其他原因，比如说饮食不合理、睡眠不足或者食用大量甜食等等，这些都可能造成青春期男孩近视呢！

如果男孩们不想戴上小眼镜，就要注意保护好眼睛哟！

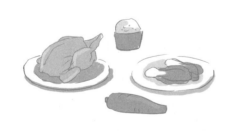

1. 荤素要搭配，饮食要合理。不偏食、不挑食，保证各种营养成分齐全均衡。可以多吃胡萝卜、水果等耐嚼的硬质食品，增加咀嚼的机会，这样可以预防近视。

另外，一般患有近视的男孩普遍缺乏铬和锌，可以多食用一些黄豆、杏仁、紫菜、海带、黄鱼、奶粉、茶叶、羊肉、牛肉等，这些食物中含锌和铬较多。

2. 每天要保证 8 ～ 9 小时的睡眠，注意看电视、电脑的时间不要超过一个小时，还要与电视、电脑保持一定距离。

看电视时间1小时

睡眠时间8-9小时

3. 近距离用眼的时间不宜过长，每隔 45 ～ 60 分钟要休息 10 ～ 15 分钟。休息时应隔窗远眺或进行户外活动，使眼球调节肌得以充分放松。

4. 用眼姿势要正确。尽量不要在坐车、走路时或者躺在床上看书，因为这些不良的姿势很容易引起眼球的发育异常，从而导致近视眼的形成。

5. 勤做眼保健操也是缓解眼疲劳、预防近视的好方法哟！

6. 平时注意用眼卫生，不用脏手揉眼睛，更不要把擦脸的毛巾和别人共同使用，以免感染上疾病。

7. 积极参加体育锻炼，增强体质。一般营养不良、体质虚弱、偏食或爱吃甜食的男孩很容易患上近视眼。

还有平时注意坚持做眼睛保健操，防止视觉疲劳更能有效地预防近视眼。

完美男孩没有头屑烦恼

留言板：

"前一段时间，我发现我的头发发干发黄，还很容易断裂，而且头皮也感觉很痒，头发里还有很多白色的小薄片。这是什么东西呢？

现在这种白色的小薄片越来越多，并且时常感觉头皮奇痒难耐，很难受，真希望它快点消失呀！"

——断裂的剑 12 岁

@ 断裂的剑

你头皮上的白色小薄片是头皮屑。

头皮屑不仅影响青春期男孩的帅气形象，而且头皮屑过多，还会堵塞毛孔，从而造成毛发衰弱，刺激皮肤而产生头皮发痒的问题，所以说，头皮屑让很多男孩都为之困扰呢！

健康小提示：

怎样用最简单的方法去除头皮屑？

1. 保证充足的睡眠，养成良好的生活习惯，每天还要保持愉快的心情，合理地安排学习时间，可以多参加一些体育运动，将生活、学习中的各种压力降到最低。

2. 平时应多吃一些含碱性多的食物，如海带、紫菜、鲜奶、豆类、水果等能起到润发作用的食物；也可以多吃一些含锌较多的食物，如：猪肉、鸡肉、牛肉、羊肉、奶制品、鸡蛋等，这些都有助于减少头皮屑的产生。

尽量不要吃煎炸、油腻、辛辣或是含有酒精、咖啡因的食物，更要少吃甜食，否则会刺激头皮，增加头油及头皮屑的形成。

3. 使用正确的方法清洁头发。要将洗发水倒在手中，略微加点水将其进行揉搓至泡沫丰富，再抹到头发上，并用指腹轻轻按摩头皮。千万不要将洗发水直接倒在头上。

35度～45度

另外用温开水洗头，不可以过热，大约 35℃～40℃即可，否则会刺激头皮油脂分泌，让头油越来越多。

尽量不要用碱性过强的肥皂洗头，洗发水最好七天更换一次，可以同时买两种洗发水交替着使用。

总是掉头发，持续下去就要变成"和尚"啦？

留言板：

　　"怎么回事，最近洗头的时候掉了好多头发，如果一直这么持续地掉头发，我该不会变成寺庙里的'秃头和尚'吧？真有点担心呢！"

——撕裂的空间　14岁

@ 撕裂的空间

　　头发是有它自己的寿命的，当它生长到一定长度，也就随之步入生命尽头，慢慢地，它就会自己老去，自然地脱落下来，这是一种正常现象。

　　自然状态下的头发脱落，是任何人都会有的。当然，如果每天持续脱落很多很多头发，那就需要自我检查一下了。

　　现在，让我们来检测一下头发的健康程度吧。

　　拿来一把梳子，用梳子将头发往后梳 3 次，看看卡在梳子上的头发有多少根。如果每天掉的头发没有超过 100 根，那就是正常的，也

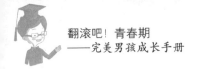
不用担心变成"秃头和尚"啦！但是，如果超过 100 根了，那就需要查找一下原因，最好是去医院检查一下。

健康小提示：

来学习一些预防脱发及护发的小窍门吧。

★ 男孩们可以注意以下几个方面，来预防脱发。

1. 每天保证睡眠时间不少于 8 个小时，还要养成定时睡眠的好习惯。

2. 保持头发卫生，经常洗头。而且，男孩们尽量不要烫发、染发，或者使用吹风机、空调的暖湿风和冷风等等，这些都会对头发造成一定的损害，次数多了会使头发失去光泽和弹性，甚至变黄变枯，严重就会造成头发脱落哟！

3. 从饮食中获取营养物质。蔬菜、水果中含有丰富的蛋白质、维生素以及微量元素，这些物质可以促进头发生长并使头发保持光泽而不易脱落。另外，尽量少吃油腻及含糖高的食物，还要戒烟、戒酒。

4. 保持愉快的心情也是预防脱发的良方哟！因为精神因素也会影响脱发，比如说思虑过度、情绪不安、精神紧张、悲伤抑郁、焦躁恐惧等都会引起神经性脱发的。

★ 护发的小窍门：

双手张开，两只手的五指成爪状，用指腹在整个头顶按压 2～3 分钟，再将整个头向前倾 8 秒，慢慢抬起，休息后再重复一次。若条件允许，还可以尝试倒立，倒立能促进头发血液循环，这样，营养便能直达发梢。

健忘症

留言板：

　　"最近我发现自己总是丢三落四、忘东忘西的。不是上课忘记带课本，就是出门忘记带钥匙，别人让我帮忙办事，原本答应好的，过会就忘记了，弄得现在我和同学之间发生了很多矛盾，真是烦死了，难道我这么年轻就患了健忘症吗？我要怎么做才能改掉这个健忘的毛病呢？快来帮帮我吧！"

——丢三落四的熊孩子　14 岁

@ 丢三落四的熊孩子

　　先不要担心啦！你可能是由于压力过大，精神经常处于紧张状态，最后出现神经性疲劳而引发的健忘哟！

　　一般来说，人的最佳记忆力状态出现在二十岁前后，然后脑的机能开始渐渐衰退，当二十五岁左右的时候，记忆力就会开始下降。年龄越大，记忆力也就越差，所以中老年人比较容易患上健忘症。

　　当然也不是说年轻人不会得健忘症。不过，对于正处于青春期的男孩来说，大多是因为学习紧张、压力过大、精神状态不佳、睡眠不足等，所以才会出现这种情况。

　　因此，苗苗你也不要太难过，只要你平时注意科学用脑，养成良好的生活习惯，做事有恒心、

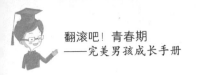

有耐心、不焦躁，并保证充足的睡眠质量和时间，这样就可以啦！

平时可以多吃一些富含维生素、矿物质、纤维质的蔬菜水果，比如胡萝卜、卷心菜、红枣等，它们更有助于记忆力的提高。

另外，男孩不要吸烟喝酒，它们对神经的伤害非常大，会让你的记忆力和思维能力大幅下降。

文身并不酷

留言板：

"昨天上体育课的时候，我看到同学小磊的手臂上有一个惟妙惟肖的龙的文身，非常逼真。感觉真是太帅啦！看得我也蠢蠢欲动，也想去文身，爸爸却非常反对，这是为什么呢？怎么我喜欢做的事情，我爸爸却不赞成呢？真讨厌！"

——我不是猫　14岁

@ 我不是猫

不要误解你的爸爸啦，爸爸反对你去文身是正确的！因为文身对皮肤的危害非常大！

文身是用带颜色的针刺入皮肤底层，留下不褪色的永久性花纹。可能现在很多男孩们都会觉得文身很帅气，很有个性，但是，对于正处于青春期发育中的你们来说，是非常不利的！

皮肤是人体的第一道防线，而文身不仅破坏了这道防线，还使人体抵御各种病菌侵入的能力下降。

如果文身时消毒不严格或者之后不认真保护，就会造成皮肤严重

感染。例如文身所使用的化学颜料进入人体后，就会引发皮炎或者过敏，致使局部皮肤发痒、疼痛，还会出现烧灼感、麻木感等，严重的还会引发癌变哟！

所以说，青春期的男孩们，还是尽快打消文身的念头吧！

不要轻易尝试节食减肥

留言板：

"今天早晨起来，本想选择一件'瘦款'的衣服，可是突然发现自己竟然穿不上了，这是怎么回事？难道是我胖了吗？于是，我又拿出几件同样款式的衣服，试过之后，都穿不上了。原来是我真的胖了，不行，我要减肥，否则太影响我的帅哥形象！听说节食可以减肥，我可以去试试吗？"

——小米粒洛洛　13岁

@ 小米粒洛洛

洛洛，在你这个年纪，尽量不要选择节食减肥哟，这样做一定会严重影响到你身体的健康及发育。

节食减肥会导致人体所需的各种营养物质摄入不足，给身体造成极其严重的损伤。青春期男孩的身体正是新陈代谢旺盛的黄金时期，对营养的需要也比以前多很多，而这些营养既要满足生长发育、维持

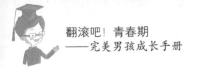

机体各器官正常运转的需要，又要满足学习生活和各种活动的需要。

节食减肥很容易导致身体蛋白质摄入不足，进而造成生长发育迟缓，抵抗力下降，持续消瘦，还会对智力的发育带来影响呢！

这衣服太瘦了是不是该减肥了。

另外，节食减肥还会造成各种维生素和无机盐的缺乏，直接影响身体的骨骼发育，可能会导致身材矮小或者骨骼变形等现象发生！

必要的体育锻炼

留言板：

"每次看到同学们在操场上做运动，脸上洋溢着快乐的笑容，我就感觉怪怪的。因为我不喜欢运动，也讨厌满身臭汗的感觉，我常常会在教室看书，或者在树荫下乘凉。有时候也有一些同学想让我和他们一起运动，可是都被我拒绝了。"

——小懒虫冬冬　14岁

@ 小懒虫冬冬

小懒虫冬冬同学，我建议你还是多去参加一些运动吧！对于青春期的你来说，体育锻炼是身体健康所必需的，对你的成长发育也是有很大好处的，不仅可以增进身体健康，而且还可以有效地预防疾病。

1. 体育锻炼可以促进呼吸系统的发育，让你的呼吸肌发达，胸围扩大，增强肺活量，这样就能抵御很多疾病的侵袭。

2. 体育锻炼可以促进心血管系统发育，运动时心脏工作负荷加大，心率增加，流血量增大，使心肌获得充足的营养，这样全身的血液循环都能得到改善。

3. 体育锻炼加速机体能量消耗的过程，能量物质的最终来源是通过摄取食物获得，因此，运动后会促进消化系统的功能变化，食欲和消化功能增强。

4. 经常参加体育锻炼，能明显提高脑神经细胞的工作能力，改善神经系统的调节功能，提高神经系统对人体活动时错综复杂变化的判断能力，并及时做出准确、迅速的反应。

5. 体育锻炼对于运动神经的发育有明显的促进作用。运动时，身体血液循环会加速，使正处于造骨期的骨组织获得丰富的血液供应，得到更多的营养，这样就会加快造骨的进程，男孩的个子也就长得更快啦！

6. 体育锻炼可以改善人的情绪，消除忧愁和烦恼，在心理上减轻人体免疫系统的压力。

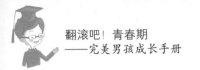

抠鼻子的坏习惯

留言板：

　　"为什么我的鼻子总是干干的，感觉鼻子里面总有一些脏东西，好想抠出来啊！可是爸爸说抠鼻子是一个坏习惯，不仅会让鼻孔变大，严重的还会得鼻炎呢，好恐怖！"

——好动的球球　11 岁

@ 好动的球球

　　亲爱的球球，爸爸说得对哟！

　　抠鼻子非常不文雅，而且，经常抠鼻子不仅让你的鼻孔变得很大，还会引起慢性鼻炎和呼吸道感染，不小心的话，细菌还可能会感染到肺呢！

　　这是因为抠鼻子时，手指甲会伤害鼻黏膜，这样鼻腔的抵抗细菌的能力就会降低，鼻屎就会变得更多，还可能会造成感染。

　　人体的鼻腔内有一层很薄的黏膜，下面有着非常丰富的毛细血管，如果经常抠鼻子，就会使毛细血管受到损伤产生流血现象。

　　快些改掉抠鼻子的坏习惯吧！当你的鼻子发痒或是发干，忍不住想抠鼻子的时候，可以用生理盐水清洗鼻腔，这样鼻子就不会感觉难受了，也不会影响到健康。

耳朵里的怪声音

留言板：

"前一段时间里，我感冒了，难受得不得了。最近才刚好，可感冒虽然好了，耳朵又出问题啦！总感觉耳朵里很痛，有时候耳朵里还传来奇怪的声音，比如，'噼噼啪啪''嗡嗡'等等，听力也大不如以前了，这是怎么回事？难道是得了中耳炎？那可就糟糕啦！"

——青涩的果果 10岁

@ 青涩的果果

亲爱的果果，你可能因为感冒时上呼吸道感染，从而引发中耳炎啦！严重的可能还会让你听力减退，产生轻微的疼痛。所以，建议果果尽快去医院进行治疗哟！

我们耳朵的各个部位其实都很脆弱，一不小心就可能会引起发炎或听力损伤，所以生活中一定要注意做好中耳炎的预防工作哟！

抠取耳屎时，一定要小心，千万不要用坚硬的东西挖耳朵，否则一不小心就可能会碰伤外耳道或鼓膜。这时，最好是用医用酒精的棉签，放在耳道里来擦拭。其实，男孩也不必经常清除耳屎，它能让良性菌栖身，对耳道还有防潮的作用。

游泳、洗澡或洗头之后，如果被水湿到耳朵，应该及时用棉签去

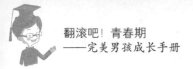
除掉耳朵里的水。还要积极地预防感冒，因为感冒最容易引发中耳炎。假使你真的得了中耳炎，记得多吃新鲜的蔬菜和水果，少吃一些辛辣的食物！

牙齿、牙刷对抗战

留言板：

"刷牙、刷牙，每天都要刷牙，真的好麻烦，可不可以不刷牙呀？而且，我每次去刷牙都会被妈妈唠叨，说我这样刷不对，那样刷不行……好郁闷哟！"

——烦躁的小绿　11 岁

@ 烦躁的小绿

小绿，你好，对于刷牙的事情还是不要偷懒啦！

刷牙非常有利于口腔的清洁。要知道，刷牙不但可以清除牙菌斑，还能消除口腔内很多异物，比如食物残渣、牙垢、牙齿色素、牙结石等。所以，刷牙是预防龋病和牙周病的最有效方法。刷牙还可以起到按摩牙龈的作用，从而进一步增强牙龈的健康。所以，不要嫌麻烦哟！

注意啦！如果刷牙方法不正确，也不能达到清洁口腔的目的，下面简单介绍一下不损伤牙齿及牙周组织的刷牙方法。

第 1 步：将牙刷放在牙齿与牙肉交接处的牙龈沟，呈 45 度角。

第 2 步：当刷毛覆盖住牙齿表面后，慢慢刷向咬合面，水平短距离移动，每次约 2～3 颗，上下来回刷约 15 下左右。

第 3 步：刷牙时要有顺序，否则容易忽略某块区域，久而久之就容易蛀牙啦！

注意刷牙最好能做到每天早晚各一次，还要坚持饭后漱口。每次刷牙时间大约 3 分钟。

刷牙后，要用清水把牙刷清洗干净并甩干，把刷头朝上放进杯子里。每隔 1～3 个月要换新的牙刷，记得要选择质量好的牙刷，这样才不会伤害到你漂亮的牙齿哟！

假使你尿床了

留言板：

"早上起来，我发现床单上面湿湿的，还散发出一股腥味，难道是又尿床啦，真是难为情啊！我都这么大了，为什么还会尿床呢？好担心啊！"

——长大的小树 12 岁

@ 长大的小树

亲爱的的小树，不要担心哟！正处于青春期发育期的你，生理功能及神经系统发育得还不够完善。当你在精神上过度疲劳、兴奋或受到惊吓时，身体就不能够控制自己的排尿功能啦！

男孩们不用太烦恼，其实想要避免尿床也很简单，照着下面来做就可以了！

心平气和

1.掌握好尿床规律和时间，晚上用闹钟提醒自己起床排尿 1～2 次。

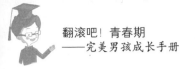

2.白天尽量不要做一些让自己过度兴奋的事或者做特别剧烈的运动，避免晚上睡眠过深而尿床。

3.晚饭后不要过多饮水或者食用含水量很高的水果。另外，睡觉前要记得排尿，这样就可以避免尿床啦！

晚上用闹钟提醒
自己起床排尿

男孩子抽屉里的避孕药

留言板：

"最近发现脸上痘痘特别多，经同学推荐，男孩服用避孕药对青春痘特别有效果，于是我就去买了两盒。但是，我怕有副作用，就隔几天服用一次，现在脸上的痘痘虽然称不上全部好了，但服用之后，脸上的皮肤确实光滑了，痘痘也少多了，效果真不错呢！可是，后来才知道，男生服用避孕药真的会产生很多副作用。"

——秋风中摇曳的沙　14岁

@ 秋风中摇曳的沙

是的，避孕药对正在生长发育的男孩们会造成很多不良影响！你们绝对不可以通过服用避孕药来祛痘！

避孕药的成分主要是孕激素和雌性激素，它是根据女性每个生理周期激素分泌水平设计的，对于避孕的女性来说还是相对比较安全的。

对于青春期的男孩来说，你们正处于第二性征的形成阶段，如果胡乱服用避孕药，可能会抑制男性体内的雄性激素分泌，影响男性的生长发育，出现一些女性化的特征，例如乳房增大，腋毛、胡须减少，甚至会失去男性的某些特征呢！

所以，对于许多青春期男孩盲目地吃避孕药来对抗脸上的痘痘，这种办法是不可取的，千万不能鲁莽行事，以免造成严重后果！

啊！我是男孩怎么会长胸部

痔疮让我好痛苦

留言板：

"最近感觉肛门附近很痛，好像长了几个花生粒大小的肉粒，而且大便时还会滴血，这是怎么回事呢？我不会是得了痔疮吧？好痛苦啊，快来帮帮我吧！"

——薰衣草季节　14岁

@ 薰衣草季节

根据你的描述，你可能真的患上痔疮了呢！

痔疮是肛门直肠底部和肛门黏膜的静脉丛发生曲张而形成柔软静脉团的一种慢性疾病。如果怀疑自己得了痔疮，就要尽快去医院进行治疗，以免延误病情。

当你在医院已经确诊患有痔疮，除了配合药物治疗外，还可以在

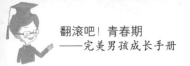

生活和饮食中多多留意，从生活中做起。

1.多多喝水，注意饮食。千万不能食用白酒、辣椒、胡椒、生姜、莼菜、芥菜这六种食品，以免病情加重。

2.尽量不要长时间坐在座位上，可以起来走一走、动一动。

3.大便时，不要坐在马桶上超过10分钟，也不要太过用力排便。如果排便非常困难，就多喝点水、多吃些纤维质的食物。

4.排便后，最好能用清水洗净肛门口，洗完后只要用纸或毛巾拍干即可，不可用力擦洗皮肤哟！

5.温水中坐浴。可以坐入装了略热温水的盆中，时间约持续10～15分钟，排便后坐浴效果最佳，每晚洗澡后也可以进行。

6.在肛门周围涂抹一些凡士林类的软膏，以减少排便时的疼痛。如果肛门周围奇痒无比，也千万不要用手去抓，否则情况会愈来愈糟！

和肥胖说"拜拜"

留言板：

"最近一段时间，我发现每次吃饭总是觉得吃不饱，总感觉很饿，而且我的体重也比以前有了明显增长，小肚子和大腿上长了好多肥肉，现在的我好胖哟！不会是得了肥胖症吧！"

——小胖墩肥肥　12岁

72

@ 小胖墩肥肥

想知道自己是不是得了肥胖症，就要看你的体重有没有超标哟！

一般来说，如果你的体重超标 10% 就是超重，超标 20% 为轻度肥胖，超标 30% 为中度肥胖，超标 50% 的话那可就是重度肥胖啦！

青春期男孩身体的新陈代谢非常旺盛，内分泌激素也会增多，如果你是一个不爱运动的小懒虫，又爱吃零食，一旦营养过盛，肥胖就可能找上你呢！而且，这种肥胖可不是单纯的胖哟，往往还会伴随着心慌气短、头晕、头痛、血压升高，所以，男孩们还是赶快和肥胖说再见吧！

1. 要积极参加各种体育锻炼和体力劳动，这样能消耗多余的脂肪，达到锻炼的目的。

2. 合理安排作息时间，切忌像"小懒猪"一样贪睡哟！

3. 不要暴饮暴食，餐前可以先食用一些水果和汤类，注意要少吃零食和动物脂肪，多吃蔬菜、水果，也可以吃适量的鱼肉、禽肉、蛋、瘦肉等等。

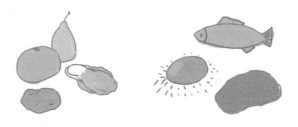

4. 切记千万不要尝试节食减肥法，以免影响青春期正常的生长发育哟！

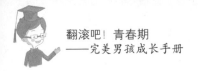

身高和体重的比例

留言板：

"我的身高1.60米，体重50千克，这是不是正常的呢？不同年龄段的身高和体重比例有没有标准呢？"

——魔法师特特　13岁

@ 魔法师特特

对于正处于青春期发展阶段的男孩们，如果想要了解自己的身高和体重的比例是否正常，只需要对照参考《青春期男孩身高和体重标准表》就可以啦！如果你超重或者肥胖，那就要加强体育锻炼哟！

青春期男孩身高和体重标准表

身高（cm）	体重（kg）				
	正常	超重	轻度肥胖	中度肥胖	重度肥胖
100	15	17	18	20	23
105	17	19	21	22	26
110	19	21	22	24	28
115	20	22	24	26	30
120	22	24	26	28	33
125	24	26	29	31	36
130	26	29	32	34	40
135	29	32	35	38	44
140	33	36	39	42	49
145	36	40	44	47	55
150	40	44	48	52	60

续表

身高（cm）	体重（kg）				
	正常	超重	轻度肥胖	中度肥胖	重度肥胖
155	43	48	52	57	65
160	48	53	58	63	73
165	53	59	64	69	80
170	58	64	69	75	87
175	63	69	75	81	94

拔掉鼻毛之后

留言板：

"以前鼻毛从没长出过鼻孔，前几天刮脸，顺便也把鼻毛拔掉了，可是，没想到一个星期以后，鼻毛就迅速地长出了鼻孔，而且又黑又粗。鼻毛长得太长，真想再次拔掉它，可我真的害怕鼻毛比以前长得更茂盛呢？"

——骑着蜗牛看星星　16岁

@ 骑着蜗牛看星星

千万不要拔掉鼻毛哟，那是百害而无一利的。

鼻腔是身体与外界环境进行气体交换的通道，是呼吸系统的大门。而鼻毛就像是守护这道大门的哨兵，担负着阻拦灰尘、细菌随呼吸进入体内的使命，使人体可以吸入

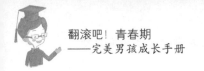

"干净的"空气。如果有较大的异物侵入（如小虫等进入鼻腔），鼻毛不但可以拦阻，还会向神经系统传递信息，比如打个喷嚏，把它们清除出来呢！

拔掉鼻毛就等于撤掉把守呼吸道大门的哨兵，灰尘、细菌可畅通无阻地进入人体。在拔鼻毛的同时，也会使生长鼻毛的黏膜受到损伤，这样不仅影响了鼻黏膜分泌黏液和免疫球蛋白 A 的功能，而且会使细菌趁机进入损伤的鼻黏膜，引起鼻黏膜炎症等。

男孩需要好好保护鼻毛，千万不要随便去拔鼻毛。如果长出来的鼻毛影响到你的帅哥形象，可以用专业的工具进行修剪，修剪的时候一定要注意安全哟！

我要烫头发

留言板：

"哇，太酷啦！我的好朋友小宇烫头发啦，真有个性，他烫的是烟花烫，我觉得现在最流行的是银丝烫，我也要去烫一个！追求时髦嘛！哈哈——"

——冰冷的左手　12岁

@ 冰冷的左手

我发现很多男孩子喜欢去烫发，可能是感觉很酷吧。在这里，我要给大家一个建议，青春期的男孩们，最好还是不要烫发哟！因为这种"帅气时髦"的背后，还有更多的危害呢！

烫发有一个受热的过程，这样就会损伤你的角质层，使你的头发变得干枯发黄、失去弹性和光泽，很容易断裂，严重时还会出现脱发现象。

烫发使用的各种化学制剂也令人堪忧。正处于青春期发育中的你，发质层薄而嫩，头发更加细软，是无法抵御那些化学制剂的"腐蚀"的。那些"腐蚀"能力极强的化学制剂还会通过皮肤而渗入身体，使你的免疫系统减弱，抵抗力也会随之降低，这样，你就很容易出现过敏、感染的现象，严重者还会患上皮肤病呢！

所以，对于那些想要追求"流行"的男孩们，还是尽快放弃这样的想法吧，不要用自己的健康去冒险啦！

男生可不可以穿耳洞？

留言板：

"以前看过女生穿了耳洞，戴着漂亮的耳钉或者耳环，真的是非常羡慕。昨天我发现隔壁班也有男生穿了耳洞，也戴着十分帅气的耳钉，我真想去穿一个耳洞呀！"

——哭泣中的微笑　12岁

@ 哭泣中的微笑

青春期的男孩还处于发育阶段，你们的耳郭和耳垂并没有完全发育成熟，处于比较"柔弱"的阶段，而穿耳洞会直接影响到耳郭和耳

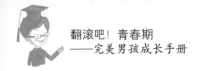

垂的发育，甚至会损伤耳骨。

在穿耳洞时，如果消毒不彻底，就会引起皮肤发炎，严重的还会糜烂，变成化脓性软骨膜炎，甚至导致耳郭坏死。就算没有发炎、糜烂的现象发生，也可能会在长大后，因为穿耳洞而使耳洞变大而下垂。

所以，男孩们还是不要着急穿耳洞，等完全发育好后再决定是否穿耳洞吧！

牙龈出血啦！

留言板：

"咦——这是怎么回事？今天早晨刷牙时，我发现牙刷上面有血渍，难道是牙龈出血了吗？我赶紧去照镜子，果然看到满嘴的牙膏泡沫都是红色的，好恐怖啊！"

——下一站幸福　11岁

@ 下一站幸福

健康的牙龈，一般是不会出血的。如果刷牙时，牙龈经常出血，那可就不太正常啦。

你可以对着镜子，看看牙龈的颜色，如果是健康的粉色，而且坚韧、富有弹性，就表明你的牙龈处于正常状态；如果牙龈充血、水肿或者暗红、松软，那就表明你的牙龈肯定出问题啦！只有不健康的牙龈才会引起牙龈出血。

还有一些其他原因也会造成牙龈出血，比如，平时不注意口腔卫生，使食物残渣、牙垢、牙石经常堆积在牙体周围，形成大量细菌，最后导致牙龈出血；也可能是你的刷牙方法不正确而引起牙龈出血等等。

因此，为了预防牙龈出血，学习几种保护牙龈的方法吧！

1.保持口腔卫生，可以定期请口腔医生帮你清洁牙齿，去除牙垢、牙石。

2.学会正确的刷牙方法，避免牙龈出血。

另外，还要注意，如果你的牙龈频繁出血、持续不止，而且身体虚弱，那就可能是身体出现了问题，应该及时到医院做血液检查。

口腔溃疡

留言板：

　　"我嘴里经常有一些黄豆粒大小的'伤口'，'伤口'的周围是红色的，中间是白色的，一碰还疼痛难忍，现在什么也不敢吃了，该怎么办呀？我不会是得了口腔溃疡吧？"

——流浪的蜻蜓　12岁

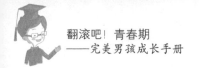

@ 流浪的蜻蜓

口腔溃疡 ←

没错，你确实是得了口腔溃疡！

口腔溃疡一般发生于口腔的唇、颊、软腭或齿龈等处，米粒或黄豆大小，呈卵圆形，表面覆盖灰白或黄色假膜，中央凹陷，周围黏膜红肿，伴有明显的灼痛感，大约一两个星期就可以自愈。但它很容易复发，比较难根除。

导致口腔溃疡的原因有很多，大都是口腔局部受到创伤、精神高度紧张、食物及药物刺激或者激素水平改变等原因造成的。

如果你想要预防口腔溃疡的发生，你可以按照我教的方法来做。

1.保持口腔清洁，用淡盐水漱口，避免人为地损伤口腔黏膜，还要避免辛辣性食物等对口腔局部的过度刺激。

2.多食用一些含有维生素 B 群的蔬菜和水果，如黄色和深绿色的水果和蔬菜。日常饮食中，牛奶和鸡蛋也是不可少的。

3.尽量少吃油炸食品，多喝水，这样可以清理肠胃，防止便秘，口腔溃疡就不容易找上你了。

清洗外生殖器很重要

留言板：

"妈妈总让我清洗自己的'小弟弟'。妈妈说，对男孩来说，清洗小弟弟是非常重要的。可是，我又不知道怎么来清洗，真麻烦！"

——会痛的石头　13岁

@ 会痛的石头

妈妈说得对哟，为了你的健康，要经常清洗"小弟弟"，千万不要偷懒哟！

男孩的生殖器会阴部包括阴茎、尿道外口、包皮、阴囊、腹股沟和肛周等。这个区域长时间受大小便影响，很容易发生病原体感染。

所以，男孩们要经常清洗自己的"小弟弟"哟！

1.准备好专用盆和毛巾。注意千万不要和别人混用。

2.清洗时，要按一定顺序进行。首先要先清洗生殖器官，把包皮翻上去，将包皮、冠状沟等处的尿渍和包皮垢彻底清洗干净，然后是阴囊和大腿根部，最后清洗肛门。

3.包皮长的男孩，应上翻包皮至冠状沟处，将包皮垢一并清除。阴茎头皮肤非常娇嫩，清洗时要注意避免用力过度而受伤。

需要注意的是：清洗时，尽量不用洗液和香皂，以免引起皮肤过敏。

包皮长的问题

留言板：

"什么是包皮？包皮长对我的健康有什么影响吗？为什么最近一段时间，我的阴茎的顶端有些红肿，时常感觉瘙痒，如果不小心碰到，还会觉得疼痛呢！"

——迷茫的星空　14岁

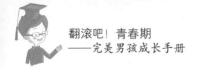

@ 迷茫的星空

包皮是位于阴茎前端的包住阴茎头的那层皮肤，起到保护阴茎头的作用。

正常男孩的阴茎头大部分是露出来的，如果不能露出阴茎头（包皮包裹住全部或大部分阴茎头），但用手能上翻包皮或者勃起后包皮上翻能露出阴茎头，这就是包皮过长哟。

当包茎或包皮过长时，包皮里皮脂腺的分泌物就难以排出，这样就逐渐形成奇臭的包皮垢。而包皮垢适宜细菌生长，容易引起阴茎头及包皮发炎。

依据你描述的情况，很可能是患上了阴茎头包皮炎，建议你到医院治疗，避免错过治疗的最佳时间。

值得注意的是：包皮过长不仅会妨碍阴茎的发育，还可能会影响男孩们以后的性功能，从而造成阳痿早泄，甚至损害肾脏功能、引起阴茎癌等。因此，男孩们应该重视包皮的日常护理及包皮过长的治疗哟！

脚臭让我在女生面前好尴尬

留言板：

"哇——刚打了一场篮球比赛，好舒服，好兴奋哟！可回到座位上，就闻到一股酸臭味，低头一闻，原来是自己的脚臭味。真的好臭啊，怪不得女生都躲着我呢！感觉自己的脚滑腻腻的，真的好别扭啊，我该怎么办？我可不想自己的脚一直这么臭下去！"

——永恒的寂寞　16岁

@永恒的寂寞

脚有臭味是由于脚心汗腺多，容易出汗。在多汗条件下，脚上的细菌大量繁殖并分解角质蛋白，再加上汗液中的尿素、乳酸，这样就会发出一种臭味。如果你再穿不透气的鞋子，那么臭味就会愈演愈烈啦！

男孩们也不用太着急哟，下面我来告诉你们几种防止脚臭的小窍门，相信情况很快就会得到改善啦！

1.首先要保持皮肤干燥，注意脚部清洁，每天多清洗几次，还要勤换袜子哟！

2.尽量不要穿运动鞋、胶鞋等不透气的鞋子，以免造成脚汗过多，脚臭加剧。

3.少吃容易引发出汗的食物，比如说辣椒、生蒜、葱等。

4.保持情绪稳定，因为激昂的情绪很容易诱发多汗，也会加重脚臭。

5.不要做过量的运动，保持生活规律。

6.晚上睡觉时，可以在脚部涂抹一些爽身粉或者止汗液，这样可以起到一定的止汗作用。

心灵篇

青春期，心灵的过渡期

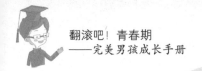
第一章　坏情绪长大了

不想见人，不想说话

留言板：

　　"最近，我不知道怎么了，就是不想和别人说话，更不想见任何人。我爸爸说，小时候的我是一个很爱说话、很爱提问题的开朗男孩。但是现在的我就不那么活泼了，难道是我患了自闭症？"

——转身泪已拭　14岁

@ 转身泪已拭

　　根据你所描述的情况，你可能是出现了闭锁心理现象。

　　男孩进入青春期以后，不仅仅是身体呈现出逐渐成熟的状态，内心世界也会变得丰富多彩起来。一方面，你们渴望被人理解、被人关注；另一方面，独立感增强，又不愿意把自己的内心轻易表露出来，这时就出现了青春期常见的闭锁心理。

　　闭锁心理是青春期发育过程中的一种阶段性心理现象。主要表现为：原先"滔滔不绝"，突然变得"沉默寡言"；以往喜欢打闹嬉戏的，现在常会有离群、独处的愿望；突然改变了对父母、老师的顺从态度，开始对他们的言行感到厌烦，对他们的管教十分抵触等等。

这种状态一直持续下去后，你就会把自己内心封闭起来，不想与人主动交流，特别是不愿意再跟爸爸妈妈沟通。你会觉得自己很累、很迷茫，虽然渴望得到理解，但还是不想见人，不想说话。

男孩们要如何调节呢？

1. 首先，要努力提高自己的素质，使自己具备开阔的胸怀，不悲观，不自傲，努力增强自己的人格魅力。

2. 积极主动地建立自己的人际关系，找到属于自己的知心朋友。

3. 要热心地帮助别人，与人交往的态度要坦诚、宽容。

4. 多参加体育运动或者集体性活动，结识更多的朋友，这样有助于增强你的自信心哟！

马上要考试了，坏情绪开始出来作怪

留言板：

"马上要期末考试了，感觉好紧张啊！晚上睡觉都睡不好，白天上课的时候还频繁地头痛，昨天晚上背诵的英语单词，今天也忘记了……我都不知道该怎么办了，快来救救我吧！"

——虚无缥缈的石头　13岁

@ 虚无缥缈的石头

石头，你的表现似乎有一点点像考前综合征哟！

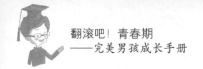
考前综合征，一般发生在考试之前，考生会出现心神不定、精神极度焦虑、紧张烦躁、记忆力下降、思维迟钝等现象。有的男孩也可能会出现发烧、头晕、头痛、心跳加快、出虚汗、浑身乏力等各种不良的生理反应。

考前适当的紧张是有利于刺激大脑的，使思维保持一定的活跃状态，对考试也是有利的。但如果考前过度紧张，就需要做一些适当的放松调节。

你可以试着以平常心对待考试，不要给自己过大的心理压力，也不要给自己定太高的目标，更不要过于担心或者感到惧怕，只需将考试看成一次普通的"作业"或模拟测验。

如果你的情况非常严重，那就尽快求助心理医生吧！

健康小提示：

现在就来教你几种可以缓解坏情绪的小方法。

1. 深呼吸。眼睛微闭，全身放松，做几次深呼吸，同时默念：放松、放松。这样就可以让你心绪平稳，会有一种轻松感，可有效改善大脑缺氧状态。

2. 闭目养神。全身放松，闭眼，想象自己漫步在最喜欢的地方，如在幽静的森林，呼吸着新鲜的空气；如面朝着大海，倾听海浪的声音。

3. 可以适当食用一些带辣味或酸味的食品，刺激食欲，同时也注意要少食多餐，切忌暴饮暴食。

妈妈别说了，我不想听！

留言板：

　　"妈妈总是唠唠叨叨的，一件事可以说好几次。就像上次，我看图画书看得正入迷，妈妈突然让我写作业，我向妈妈保证十分钟后再做作业，可她不到三分钟就又来催我，真拿她没办法呀！"

——讨厌唠叨的皮皮　12岁

@ 讨厌唠叨的皮皮

　　亲爱的皮皮，父母的唠叨、责骂是爱你的一种表现哟！

　　正因为父母是爱你们的，所以他们对你总是充满了不放心，他们害怕你犯错误，担心你走歪路，他们期望你们能"一帆风顺"。所以，他们会不自觉地一次次地重复唠叨，认为一次不听，就说两次，两次不听，就说三次……只要自己多说几次，孩子总会听进去的，从而忽略了你的"心声"。

　　你要学会换个角度去思考，妈妈是为你好才唠叨，你要尊重她、理解她，做她忠实的听众，把这种"唠叨"看作是一种家庭的幸福，当成一种"爱"的表现。

　　你也要让她体会到你可以自己处理好事情，如果有困难也要去及时向她求助，让她更好地了解你，帮助你，支持你。

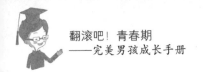

父母是你人生旅途上最坚实的后盾，也是这个世界上最关心你、爱护你的人。他们都有着丰富的人生阅历和对事情独特的分析能力、解决能力，他们是你最值得信赖的人，当你有任何困难需要帮助的时候，他们都会义无反顾地站出来。

亲爱的皮皮，现在的你是不是已经知道该怎么做了呀！用一种平和的心态去倾听他们对你的"爱"吧！

为什么你总是唱反调？

留言板：

"每天早晨，我自己本来刚要起床的，可是妈妈却不停地喊我。一遍又一遍，让人好心烦！后来，她越是叫我起床，我就偏不起床了。"

——上玄月渺渺　14岁

@ 上玄月渺渺

其实，你的这种情况是每个青春期男孩都会经历的反抗期。

这一时期的你产生了一种强烈的成人感与独立意识，不愿听从父母的意见，常常处于一种"抵触"的情绪状态中。而作为你的父母，他们还是把你当成小孩子对待，认为你年纪还小，还不够成熟。

这就是你们的矛盾所在，由于你们越来越不了解对方的真实想法，彼此之间就会筑起一道围墙，隔阂会不断加深，感情也会受到影响。

建议尽量不要每次都否定爸爸妈妈的"意见"，更不要稍不如意就和父母唱反调甚至吵架。

当你和父母发生分歧时，要先问清原因，然后心平气和地跟父母好好聊聊。如果你不好意思或是不想直接跟父母面对面沟通，你可以给父母写信或是留字条，告诉父母你的真实想法，也请父母把他们的真实想法告诉你。当你遇到困难和挫折的时候，也要和父母多商量、多沟通，多倾听父母的意见。慢慢地，你跟父母之间的关系就会越来越和谐。

老师凭什么夸奖他

留言板：

"老师真是不公平，每次都夸奖他，他有什么好？就像上次，我和同桌一起去帮老师办事，事情基本都是我做的，可是却被小强说成都是他做的，老师只夸奖了他，我真的非常气愤。"

——流逝的时光　12岁

@ 流逝的时光

亲爱的小时光，在我们日常生活中，总会遇到很多这样或那样不公平的事，比如：这件好事明明是你做的，却被别人领了功劳；或者老师在同一件事情上夸奖他而没有夸奖你；或者是别人做了坏事，却让你承担了责任，等等。

对你来说，这些都是很不公平的事情建议在遇到不公平的事情时，

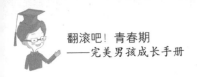
要以积极的心态来面对，千万不要钻牛角尖，更不要因为没有得到他人的赞许就委屈气愤，或者自暴自弃。

你可以在事后与老师沟通一下，找老师谈谈心，如果真的是你自己做得不够好，那么就要找到问题的根源所在，进而努力去改正，让老师重新认识你、欣赏你、重视你并喜欢你。

你还可以找好朋友聊了天"发泄"一下，然后重整旗鼓，摒弃不良情绪，调整好自己的心态，重新出发，以更加积极乐观的态度面对学习和生活，争取让老师和同学看到你的优秀，看到你的进步。这样即使老师不夸奖你、赞美你，相信你也会得到大家的认可！

厌倦了学习，我想逃课

留言板：

　　"我讨厌学习，讨厌上补课班。每天除了学习，就是吃饭和睡觉，一点意思也没有，没有一丝生活乐趣，就像一台机器，不停地、重复地运作，永远也没有终点。我真的厌倦了，真想放肆一次，冲出这个学习的'牢笼'。"

——悠闲的小叮当　13岁

@ 悠闲的小叮当

　　亲爱的小叮当，你的心情我能够理解。当然，以目前的教育形式来说，学生的压力的确很大。但你也要知道，现在为了学习所付出的一切，并不是为了取悦别人，而是为了你自己，为了你将来能够更好地走向社会、更好地面对充满希望的未来。

　　对于你的这种情况，建议你可以和父母沟通一下，告诉父母你的真实想法，让父母能够理解你，并帮助你走出眼前的困境。

　　你也可以多参加体育运动，这样既能达到强身健体的效果，又能让你放松精神、缓解疲劳、摆脱厌倦学习的情绪。

　　还可以多培养一些自己的兴趣爱好，让自己的生活丰富起来，做到劳逸结合，松弛有度。

　　当你对学习"疲乏"的时候，

8:00-9:30 英语补习班
10:00-11:30 语文补习班
14:00-16:30 数学补习班

除了学习，我没有别的时间。

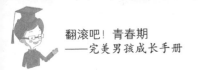
多听听音乐，出去散散步，让自己得到充分放松，这样更有助于让你的身体和精神保持在良好的状态，才能保证你的学习效率更高，避免对学习产生厌倦情绪。

在这世界上没人能理解我

留言板：

"我发现在这个世界上没有人能够理解我，我一直都是孤独的！我讨厌这样的自己，我讨厌不能够理解我的人。"

——天使的呼唤　14岁

@ 天使的呼唤

你为什么感觉自己是孤独的？到底是别人不理解你，还是你把自己的心"封闭"起来了呢？

如果你不能敞开你的心扉，又怎么能够要求别人去理解你呢？你可以试着先从自身找找原因，打开自己的心房，让别人知道你的想法。只有你真正地对他人敞开心扉，有效地与别人沟通，别人才会更好地理解你、尊重你、善待你。

你也可以多做一些自己喜欢做的事，多参加一些文体活动，进而从中建立信心，结交更多志趣相投的朋友。

如果在学习上遇到问题，不妨去找老师帮

忙，相信老师一定会很高兴帮助你的；如果在生活上遇到问题，可以和父母多沟通、多交流，因为父母是这个世界上最关心你、最爱护你的人。

现在就来敞开你的心扉，努力改变自己，让自己从那些负面情绪里走出来吧！

 # 白天睡不够，晚上睡不着

留言板：

"最近一段时间，我每天晚上总是在床上翻来覆去睡不着，白天上课的时候又没精神，频繁地打哈欠，根本听不进去，还总是被老师点名，好烦恼啊！"

——疲劳的索索 13岁

@ 疲劳的索索

亲爱的索索，依据你的描述，估计你是患上了失眠症。

一般来说，男孩们进入青春期，开始出现失眠现象。主要表现为经常入睡困难，容易早醒，睡眠时间不足或质量差，而白天感觉疲惫不堪、头晕乏力、反应迟缓、注意力不集中，严重者会导致精神分裂和抑郁症、焦虑症，以及各个系统疾病。

大多数失眠与情绪、生活习惯有关。如果你用脑过度，引起中枢神经和抑制功能的失调，就会导致失眠。也可能是你缺乏睡眠知识，认为一两个晚上没睡好，就忧心忡忡，以为自己得了失眠症，这样反而会影响到自己的睡眠质量。

只要你保持情绪稳定，心态平和，平时养成规律的生活习惯，科学用脑，劳逸结合，相信用不了多久，你就能恢复正常的睡眠啦！

健康小提示：

来教你一些预防失眠的小妙招吧。

1.不要熬夜及饮用浓茶。有些男孩喜欢饮用浓茶、咖啡来提神，但这样会打乱人体的生物钟，破坏睡眠规律，引发失眠。

2.避免精神、情绪的高度紧张，男孩们要根据自身情况来安排学习，期望值不要过高，保持良好的心态。

3.每天早晚可适当运动，如散步、慢跑、打篮球等，这样有利于精神放松，使人顺利入睡。

4.睡前避免兴奋或思虑过度。例如睡前不要看过于激烈的电影、小说，也不要想过度悲伤的事情，让精神保持放松状态，这样有利于尽快进入睡眠状态哟！

5.每晚用温水洗澡和泡脚，并用手按摩，以促进血液循环，有助于提高睡眠质量。

我会不会永远都是失败者

留言板：

"为什么我做什么事情都是失败的？考试全班倒数第一，校季运动会长跑不及格……一次次的失败让我好难过。真受不了失败的感觉了，我会不会永远都是一个失败者呢？快来帮帮我吧！"

——晴天下的流星雨　15岁

@ 晴天下的流星雨

只是一两次考试的失利或者跑步不及格，这些并不能说明你的人生就是失败的。

世界上没有永远的失败者，只有那些自己不去争取而一味抱怨的人才注定成为失败者，只有那些不努力而放弃人生的人才注定成为失败者。

我相信你不是那样的男孩。但是，如果你这么一蹶不振下去，那么等待你的也必定会是惨败的人生。

与其荒废时间去感叹、去抱怨，不如拿出勇气去拼搏、去努力、去奋斗，从哪里跌倒，就从哪里爬起来。一两次的失败不要紧，不必为了偶尔的失败而伤心自卑，自暴自弃，因为你还有下次，下下次。要从失败中找出原因，吸取经验教训，也要善于从失败中发现自己的优点，发现自己的进步。相信你只要努力了、争取了，就一定会成功！

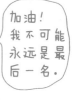

加油！我不可能永远是最后一名。

自私指数上升 ING ❶

留言板：

　　"'这是我的！'妈妈真讨厌，明明知道我最喜欢吃鸡翅膀，她还给了表弟，这不是气我嘛！还有我最喜欢的遥控车，妈妈竟然也送给他了。我真的受不了这样的妈妈，一点也不考虑我的感受！"

——清爽男孩淘淘　10岁

@ 清爽男孩淘淘

　　亲爱的淘淘，你一定听过孔融让梨的故事吧？照顾弟弟才是大哥哥应该做的哦！

　　现在的你们，都是在父母的溺爱中长大，都是家里的小皇帝、小宝贝，所以，你们只想到自己，有什么好东西都想要"独吞"，都以自我为中心。

　　自私这是很可怕的哦！可能会让你失去朋友，失去自我，甚至会给你的人生道路增添许多波折。

　　淘淘，你一定要改掉这个毛病哟！

---

❶ ING，进行时。——编者

1. 要学会与朋友分享，这样做不但可以促进好朋友之间的友情，还有助于你结交更多的朋友呢！

2. 尊重长辈、尊重同学，从生活中的小事做起，不要斤斤计较，多做一些有益于别人的事。

总之，只要你遇事多为别人着想，相信你一定可以远离自私这个"坏朋友"的！

我就要玩游戏，怎么啦？

留言板：

"我就是喜欢玩游戏，怎么啦？妈妈每天都批评我，总让我学习。我就是不想学习，为什么总是唠叨我，真是讨厌！"

——咖啡王子小语 14 岁

@ 咖啡王子小语

亲爱的小语，我知道你是一个喜欢玩游戏的男孩。正处于青春期的你，身心发育还不够成熟，如果整天沉浸在网络游戏中，会对你的思维、情感、行为产生不良影响哟！

长时间迷恋网络游戏可能会削弱你的逻辑思维能力，同时，容易使你在情感上对这种虚拟的世界产生依赖性，而难以适应现实世界，出现情绪

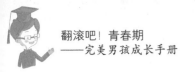

低落、睡眠障碍、生物钟紊乱、精力不足，严重者可能会出现自杀意念和行为。

因此，建议青春期的你们，还是要以学习为主，不要过多地沉迷于网络游戏之中哟！

健康小提示：

要知道沉迷于网络游戏对身心的危害都是极大的。那么，应该如何避免沉迷于网络游戏呢？

1.正确认识网络世界，不要把网络游戏作为逃避现实问题的工具。

2.控制上网时间，可以每天上网查阅资料或者玩一些小游戏放松一下，但切记不可长时间沉迷于网络中。连续上网一小时后，要注意休息十五分钟。

3.限定上网时间，到时间后马上下网或关机。当然，如果你一旦发觉身心有不适感，应及时停止上网。不要等身体和心理受到严重受创时才悔之晚矣！

 活着到底为了什么？真没意思！

留言板：

"我常常在想，活着到底是为了什么？整天除了学习、吃饭、睡觉，就什么都没有了，人生真的是没有一点自由，感觉好没意思！"

——失意的追寻　15岁

@ 失意的追寻

亲爱的追寻，我知道现在的你可能处于人生的低潮期，觉得人生乏味无趣。青春期是人生的特殊时期，很可能产生一种叛逆的、极端的不良情绪。对你来说，由于解决问题的能力有限，一旦遇到自己无法解决的困难，就只想逃避，如果你又不与家长、老师、朋友进行有效的沟通，得不到他们的理解、支持与帮助，就容易产生绝望的心理。

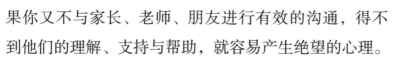

人生道路上难免会遇到各种阻碍和挫折，你只有努力保持乐观的心态，不悲观、不失望，积极地与父母、老师、朋友进行沟通，求得他们的帮助，让自己摆脱各种不良情绪，才能勇敢地战胜挫折与困难哟！如果你现在的这种心理很严重，那就需要尽快找心理医生进行咨询，以免影响学习和生活。

那小子真欠揍！

留言板：

"昨天，隔壁班说要和我们 PK 足球，当时大家也都互不服气。比赛没多久，隔壁班的小林竟然说我犯规，还开口骂人，我很生气，于是我冲上去打了他，没想到竟然让小林骨折住了院，现在我很后悔，不应该那么冲动！"

——寂寞的等待　14 岁

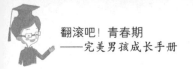

@ 寂寞的等待

你能够反省自己的错误，我感到非常高兴。

对于青春期的男孩来说，你们的自尊心是非常强的，面对挫折时，也非常敏感。当时小林的行为可能让你觉得很没面子，严重伤害到了你的自尊心，以至于使你的内心愤怒感十分强烈，最后让你产生了一定的攻击性行为，导致悲剧的发生。

男孩的精力比较充沛，火力旺盛，很容易因为一点小事而产生攻击性行为。所以，一定要学会平复自己的情绪，正视挫折，总结经验教训，不要因为一点点挫折就攻击别人；还要培养自己的涵养及心理承受能力，完善自我，只要不是原则问题，就可大事化小，小事化了；在与他人交往中需要学会容忍、宽以待人，避免产生一些对自己、对朋友有害的攻击性行为哟！

青春期的男孩，应当学习一些法律常识，防止自己的行为在与他人的冲突中触犯法律。

为什么她每月都会肚子疼！

留言板：

"要上体育课了，体育老师身边又站了一堆女生，不用说，肯定又是去请假的。女生真讨厌，为了逃避跑步，就去和老师请假说自己肚子痛，还说'大姨妈'来了。真是的，你'大姨妈'来了，和上体育课有什么关系，而老师竟然也相信，真是搞不懂，我都想去和老师说：'老师，你这是包庇女生。'"

——飞舞中的泡泡　11岁

@飞舞中的泡泡

哈哈，亲爱的小泡泡，你的老师并不是"包庇"女生哟！

一般来说，女孩进入青春期以后，就会发生这种事情。这是因为女生每个月都会有那么几天会"不舒服"的，我们把它称为来月经，这是女生的正常生理现象，也是女孩们进入青春期的重要标志之一。

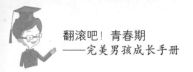

在月经期间，女孩不能过度疲劳，也不能参与高强度运动，否则会给女孩的身体造成严重的伤害。如果女孩来月经了，就不能参与体育课中的一些长跑、仰卧起坐、跳高、跳远、投篮等运动。所以，女孩们才会向体育老师请假，避免做一些强度比较大的运动哟！

女孩第一次来月经，叫作月经初潮，月经初潮一般是在 10 ~ 16 岁之间。每次月经时间大约是 5 ~ 7 天。月经也有一些其他称呼，比如说月事、例假，当然更有不少女孩把它叫作"大姨妈"。

女生觉得肚子痛，不参加体育运动，就是因为来月经的缘故。现在你了解了吗？哈哈，千万不要因此而产生"妒忌"心理了哟！

朋友被打了，我替他报仇！

留言板：

"昨天我的好朋友小景被高年级的学长打了，原本想帮他报仇的我，却被小雷拉住了，他让我先了解情况再说。当时，我骂了小雷，说他不讲义气。后来，小雷也生气不再理我了。现在想想，我也有错，不应该那么冲动。"

——浪舞苍穹　14 岁

@浪舞苍穹

你的朋友小雷不让你去帮小景报仇，是对的哟！

我知道你是那种正义感十足、对朋友又非常讲义气的男孩。能当你的朋友是非常幸运的。但是，听到朋友被打的消息，就冲动地想要帮他报仇，这是非常不理智的。

作为朋友，你应该非常理性地去帮你的朋友解决这件事情，而不应该贸然冲动，否则可能会因为你的"讲义气"而使事情变得更加复杂和麻烦哟！

首先要尽量安抚朋友的情绪，此刻你的朋友可能因为受伤而暂时失去理智，一时气不过而找你一起去报仇。等到他情绪渐渐缓和了，也许就知道事情应该如何去解决了。

然后你要试着去了解事情的来龙去脉，以劝解朋友为主，更要告诫你的朋友不要冲动行事。

如果问题难以解决，可以告诉家长或老师，向他们求助，一起想办法解决这次打架事件。如果事态严重，也可以采取法律手段来解决。

现在，男孩们知道应该怎么做了吗？千万不要因为你的"讲义气"而去"英勇斗狠"，否则事态会更加严重的。

为什么我总是默默无闻

留言板：

"为什么我总是默默无闻的丑小鸭。总感觉和身边的同学格格不入，没人理解我，不知道该如何与人沟通相处，我真的好孤独，真的想拥有好多朋友，可以和朋友开怀地笑，一起愉快地玩儿……"

——惆怅的巫师　14岁

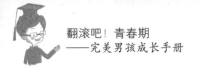
@ 惆怅的巫师

好想要朋友啊

亲爱的小巫师，你是不是不愿意主动与别人交流，不愿意主动伸出自己的友谊之手，最后使自己越来越封闭从而没有朋友呢？

与陌生人交往的最大"心理障碍"就是——自卑感。自卑不仅会让你陷入孤独、胆怯之中，而且还会造成心理压抑。

因此，你要努力克服自卑心理，要敢于迈出与人交往的第一步，与同学、朋友多一些交流，你的世界就会多一分快乐、多一丝温暖，这样你就不会再腼腆害怕啦！

你还要学会保持真诚乐观的精神，敞开胸怀，用一颗谦虚、博大、诚挚的心去面对朋友、帮助朋友。相信聪明的你一定能够做到的，勇敢一点，努力去收获友谊吧！

为什么我总想关心她？

留言板：

"最近一段时间，我发觉自己总会不自觉地偷看晓晓，觉得她很吸引人，总想去关心她、帮助她、送她回家。同学每次看到我们一起走时，都会流露出暧昧的微笑。我也会感觉很不好意思。难道这就是恋爱的感觉？"

——爱的华尔兹　15岁

@ 爱的华尔兹

男孩进入青春期以后，在雄激素的作用下，性机能开始逐渐迈向成熟。此时，男孩就会对自己身边的女孩产生越来越浓厚的兴趣，总想去关心她、接近她，慢慢地，就会越来越受到女孩的吸引，因此产生爱慕心理。

青春期出现强烈的"性冲动"，产生爱慕心理，是青春期发育中正常的生理和心理现象。

但是，男孩要拥有一定的自制力，要控制这种"欲望"，因为正处于青春期的你们还正是长知识、长身体的"黄金时期"，生理和心理都还不够成熟，经济上也不够独立，你们还没有能力去承担"爱的责任"呢！

所以，你们要正确认识"青春期萌动"，与异性交往时要把握好"度"的问题哟！

被拒绝的情书

留言板：

"我很喜欢小枣，于是，在好朋友的鼓动下，我写了一封情书，当时的心情好紧张啊，也很期待小枣能够答应与我交往。可是她拒绝了，我很伤心，很痛苦！"

——失恋王子多多　14 岁

@ 失恋王子多多

对不起~我不能接受

多多，相信你是一个很有胆量的男孩。

青春期男孩对异性产生好奇，并被吸引，这是一件很正常的事情。但是，对于你来说，最主要的任务是学习知识，不断地完善和充实自己。而写情书被拒绝也是在常理之中的，千万不要因此而产生痛苦自卑的不良情绪哟！

现在的你并不知道什么是"爱"，也不能独立地去面对"爱"，承担"爱"的责任。你可能只是对两性产生好奇，也可能是因为缺少关注想寻求心理安慰等原因，才写了这封情书。

你也不要太伤心、痛苦啦！那是得不偿失的。赶快调节自己的情绪，使自己恢复平常心吧！

多丰富自己的课余生活，多参加一些体育运动，这样做既可以陶冶自己的情操，又可以转移这些不良情绪。忘掉这些烦恼与痛苦吧，再过几年，回忆起来，这不过是你人生当中的小插曲罢了！

妈妈总让我做家务，烦死了！

留言板：

"我最讨厌做家务了！每次妈妈都会让我扫地、倒垃圾、刷碗、整理房间……总是占用我的玩耍时间，我都快被烦死了，真讨厌没完没了的家务活儿。"

——迷失的晴天娃娃　12 岁

@ 迷失的晴天娃娃

现在很多男孩都很讨厌做家务，可能是觉得这是父母强硬地塞给你的"任务"，完全不考虑你的感受，违背了你的意愿，于是你就开始耍小脾气、摆臭脸，以发泄自己的不满，让父母自觉收回让你做家务的这项"命令"。

其实，做家务是每一个人成长中必须经历的一个过程哟！父母让你做一些家务，能更好地让你学习到如何照顾自己的生活，这是在为你的将来打基础呢！

父母们知道，你正在逐渐长大，你的未来需要自己去奋斗、开拓，你需要学会各种"本领"来应对今后的各种"突发状况"。你也需要拥有属于自己的空间，以后要学会自己的事情自己去解决，这所有的一切都需要一个过程，不是一朝一夕能够完成的，所以父母才会不断地通过家务"锻炼"你呢！

如果你一味地耍脾气、闹情绪，不仅会伤害父母的苦心，还会影响自己的情绪哟！

你可以多与父母进行一些沟通，试着用自己的"劳动"换取相应的"报酬"，比如说为家里打扫卫生换取与父母一起去游乐园的机会，这样不是一举两得吗？

朋友向我借钱，当然要借给他啦！

留言板：

"前几天，我的一个好朋友向我借了 50 元钱，当时我想都没想就借给他了。可是过了很长时间，他都没有还我钱。有几次试着向他说还钱的事，他总会找个各种理由搪塞我。现在我很矛盾，不知道是让他还钱还是我'自认倒霉'。"

——小霸王楚楚　13 岁

@ 小霸王楚楚

估计很多男孩都遇到过这种问题，认为朋友比金钱重要，当朋友开口向你借钱时，便毫不犹豫地借给他了。可是，一旦好朋友不还钱，你就会对他产生一股厌烦感，间接对你们的友谊失去信心，每天也会因为这件事而闷闷不乐。

面对这种情况，你可以试着找机会和他单独谈一谈，也可以试着找到他的父母说明情况，让他的父母进行教育。尽量不要使用"强硬手段"来逼他还钱哟，这样不仅会伤害他的自尊心，也可能会给你自己带来很多麻烦呢！

其实，原则上说，你不能借给别人钱或是去向别人借钱的。因为这个年龄段的你们，经济上没

有独立的支配权。一旦需要用钱，首先考虑的是与父母沟通，而不是向其他人来借。

当你借钱给你的朋友，反而会让他觉得向朋友借钱很容易，就更不能抑制花钱的欲望啦，万一发生"错误"的意外，那就得不偿失啦！而且就像你遇到朋友不还钱的情况，你可能也会因此而失去了这段友谊。下次要注意啦！

所以，还是尽量不要向同学借钱，也不要轻易把钱借给朋友。当然，如果是遇到一些紧急情况，那就另当别论啦！

"黄色诱惑"

留言板：

"我们几个好朋友经常一起看一些让人产生欲望的电影，当看到电影中异性相拥、接吻，甚至是更亲密接触的镜头时，我会感觉很冲动、很兴奋呢！"

——跳跃中的琉璃沙　15岁

@ 跳跃中的琉璃沙

青春期的男孩情窦初开，性冲动也就会随之而来。当你们接触"黄色诱惑"时，就会产生欲望，想要与异性拥抱、接吻，甚至是更进一步的亲密接触，这种"冲动"会时刻冲击着男孩们的心灵。

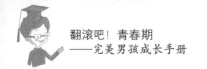
这些都是正常的生理、心理现象哟！但是，如果你们因为这种"黄色诱惑"而过分放纵性冲动，就会给自己留下悔恨的"黑色记忆"哟！

因此，青春期男孩要学会科学正确地认识"性冲动"，学会理性地控制欲望并拒绝这种"黄色诱惑"。

另外，还要正确看待异性交往哟！只有那些公开的、自然的正常交往，才可以降低或消除两性之间的神秘感，淡化"性冲动"。值得注意的是，男孩应该尽量避免与女孩单独接触，如果遇到容易诱发性冲动的情境时，还是要控制好自己或是离开这个环境。

男孩儿有泪不轻弹

留言板：

"我是一个很懦弱、很胆小的男孩。前几天，我被几名学长堵在学校后门的胡同里，当时，我吓坏了。之后看到他们充满不屑的眼神时，我更加委屈了。我不想哭，我想要变得坚强勇敢，帮帮我吧！"

——哭泣中的悲哀　12岁

@ 哭泣中的悲哀

现在的你们，大多在父母的"光环"下成长，时刻享受着父母的照顾，他们对你们的要求也是百依百顺，这样就造就了你们面对困难时懦弱胆小、面对弱者娇气霸道的性格。

你要学会勇敢地战胜困难，不能遇到困难就临阵退缩、哭泣，要知道"男

儿有泪不轻弹"。学会坚强与勇敢，即使发生各种意外和突发状况时，也不要惊慌、害怕，被人欺负了要去想办法应对并解决，可以向老师或家长求助……最重要的是要让欺负你的人知道你不是弱者。

爸爸又失约了，真讨厌

留言板：

　　"上星期天，爸爸原本答应和我一起去公园，然后请我吃大餐，可是又失约了。现在的我被爸爸的'空头支票'搞得伤心失望，爸爸的承诺对于我来说，根本就是敷衍，没有实际意义，我再也不相信爸爸的承诺了！"

——霸道的胖胖　11岁

@霸道的胖胖

　　亲爱的胖胖，你可能会因为爸爸的失约而苦恼气愤，因为爸爸的"空头支票"而伤心失落，因为爸爸三番五次的爽约而深受打击，甚至怀疑爸爸是不是根本不在乎你的感受。

　　其实，你大可不必这样哟！你要相信你的爸爸和妈妈都是爱你的。他们不是小孩子，他们有太多太多的问题需要处理和应对，他们可能

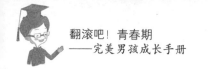
会因为忙碌而爽约，但他们肯定不是故意地敷衍你、放你鸽子的。

所以，你要充分地理解他们、体谅他们，而不是一味地抱怨他们。

你可以试着让他们知道，作为父母一定要讲诚信，答应的事情要尽量去完成，你也可以帮父母分担一些你力所能及的事情，比如，把自己的房间收拾好，把地打扫干净，做一些家务活儿……

这样父母就能多争取一点时间来陪伴你，多腾出一些时间来履行对你的承诺啦！

第二章　调整自己的心态—— 和心理问题说"Good bye" ❶

如此强迫症

留言板：

"我是一个12岁的男孩，学习成绩还不错，所以家里人给予我很高的期望。已经上小学六年级了，但是我发现自己好像患上了强迫症，比如，学习的时候，我看书得一字不落，并且不能看错，看错了我就会重新再来一遍；读书的时候，我不能读错或读漏字，否则我也会重来一遍；还有睡觉时，我也要把拖鞋放得很整齐，否则我会睡不着觉。即使我知道这些是没有意义的行为，但我还是改不过来，好累呀，我该怎么办呢？"

——未成年的秘密　12岁

@ 未成年的秘密

现在患青春期强迫症的男孩越来越多，这个问题也越来越受到社会的重视。

---

❶ Good bye，再见。——编者

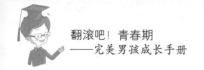
所谓强迫症，就是患者清楚地知道这些观念和行为毫无意义且不合理，但自己却不能控制，反复呈现的强迫意向、动作和行为等。患者愈是企图努力抵制，反而会愈感到痛苦，甚至是会大发脾气。

反复洗手我有强迫症

其症状表现也多种多样，一般表现为：有时会毫无原因地重复相同的话语好几次；做事情时要遵循特殊的顺序；经常反复洗手，频率超过正常所需；经常对病菌和各种疾病敏感；对自己做的大多数事情经常产生怀疑，例如检查门窗、钱物等；经常不自觉地去回忆一些不愉快的事情；强迫自己计数，如反复数天花板上吊灯的数目，反复数图书上人物的多少，强迫计数自己走了多少步路等等。

一般来说，青春期男孩的强迫症大多源自儿童时期，有的与家庭环境有关，有的与自己幼年时养成的个性特征、习惯有关，如胆小谨慎、做事优柔寡断、过分追求完美等。

现在，你明白青春期强迫症是怎么回事了吗？如果你发现自己可能患有强迫症，不要过度担心，可以把这件事告诉父母或朋友，让他们和你一起来监督你的行为。不要急于求成，因为习惯不是一下子就能够改掉的。如果还是没有缓解，那就要及时到医院进行检查治疗，以免延误病情。

猜疑滋生蔓延

留言板：

"我以前是一个很容易相信别人的男孩，可是自从有一次被骗以后，我就变了。现在总是不自觉地去猜疑别人对自己的不忠，猜疑别人对自己是意图不轨的，猜疑别人是骗子。这是不是一种心理问题呢？我该怎么办？"

——阴谋的味道　15岁

@ 阴谋的味道

你可能由于以前过于轻信别人，最后在交往中受到欺骗，使自己蒙受了巨大的精神损失和感情挫折，导致现在不再相信任何人了。

其实，善于猜疑的人通常是非常敏感的。敏感并不一定是缺点，对事物敏感的人往往非常有创造力，可如果过于敏感，特别是与人交往时过于敏感，就需要想办法加以控制了。

当你一旦掉进猜疑的"陷阱"中，必定会事事神经过敏、捕风捉影，也会因此对别人失去信任，对自己产生怀疑，这样不仅会严重影响你的正常人际关系，更会严重损害自己的身心健康。

健康小提示：

青春期的男孩应该如何做，才能不让猜疑滋生、蔓延呢？具体可采用以下几种方法。

1. 要学会用理智去克服猜疑的心理。当你发现自己开始怀疑别人的时候，应当立即寻找产生怀疑的原因，冷静地去思考应该如何处理

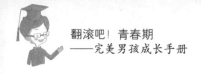
这种猜疑情绪。

2. 培养自己的自信心。学会发现自己的长处，要相信自己能够处理好各种人际关系，这样就不会随便怀疑别人是否会挑剔、为难自己了。

3. 学会自我安慰。当你听到流言蜚语或与别人产生误会时，不要斤斤计较，也不要去猜疑别人的用心，甚至产生报复心理。如果觉得别人怀疑自己，应当善于安慰自己，不要在意别人的言论，不要被别人的闲言碎语影响到情绪。

4. 要学会及时沟通，解除自己的疑惑。人与人在交往中，误会是不可避免的，关键在于要学会如何消除误会。误会如果得不到尽快解除，就会发展为猜疑；猜疑如果不能及时解除，就可能导致不幸的发生。因此，可以去找你的"猜疑"对象，开诚布公地谈一次，以便弄清事情的真相，解除自己的疑惑，消除彼此之间的误会。

 控制暴躁的脾气

留言板：

　　"妈妈爸爸真讨厌，什么事情都不满足我，总说一些我不爱听的话，还责怪我对他们发脾气，真是烦死了，我都想离家出走，再也不回来了。"

——瞳孔中的忧伤　12岁

@瞳孔中的忧伤

　　瞳孔中的忧伤同学，请你千万不要意气用事哟！不要因为一点小摩擦就冲动地想要离家出走哦！你要知道，有时候爸爸妈妈的"唠叨"也是为你好。

正处于青春期发育中的少男少女，有时会做出一些"叛逆"行为，做事缺乏耐性，脾气也极为暴躁。其实，这是由于大脑前额叶皮层正处于发育的阶段，大量的神经连接也在"改造"之中，这就对你的情绪产生影响，随之产生神经性冲动，最后导致了青春期发育中的男孩出现感情判断失常、举止行为暴躁冲动等现象，这是正常的生理现象。所以不要总是抱怨父母，也不要过分地责怪自己。如果你们能够顺利度过这一阶段，那么一切就会恢复正常了。

建议青春期的男孩们要尽量控制自己的暴躁脾气，努力调节自己的情绪。一旦遇到问题或者困难，应该及时与父母进行沟通，争取得到父母的支持与谅解。在自己心情郁闷的时候，不妨找朋友出来聊聊，或者多参加一些体育锻炼或是日常活动，把自己的压抑情绪全部释放出来。

腐蚀心灵的毒药

留言板：

　　"我讨厌我们班的小羽，甚至是恨他。为什么他每次考试都比我考得好，同学们也都喜欢他和一起玩，甚至是老师也都偏向他。真是讨厌！"

——心灵的毒药　11岁

@ 心灵的毒药

心灵的毒药同学，你这是一种嫉妒心理。

处于青春期的男孩经常喜欢与他人作比较，但当发现自己在才能、体貌或家庭条件等方面不如别人的时候，就会产生一种羞愧、消沉、怨恨等不愉快的情绪，这都是嫉妒心理。

嫉妒心理的产生主要是因为青春期男孩的心理发育尚未成熟，对自己各方面的能力还认识不足，遇上比自己能力强的人时就会感到不安。也有一些男孩因为过于以自我为中心，只关心自己，处处想表现自己的这种优越感，当有人超过自己时就会强烈希望别人在某一方面不如自己，甚至是嫉妒、憎恨对方。

嫉妒是一种不良的心理状态，对青春期男孩的健康发展也是极为不利的。有一些嫉妒心强的男孩还会出现食欲不振、胃痛恶心、头痛背痛、心悸郁闷、神经性呕吐、早衰等现象。所以不要因为自己的嫉妒心把自己变成一个未老先衰的小老头哟！一定要及时地克服这种嫉妒心理，摆脱腐蚀心灵的毒药，让自己能够健康地成长。

健康小提示：

青春期的男孩要如何注意心理上的自我调节，进而摆脱嫉妒心理呢？

1.认真而又积极地进行自我反省。心胸开阔，精神豁达，严于律己，宽以待人，不要为一点小事而钻牛角尖，时常提醒自己尽力克服自卑和嫉妒心理。

2.不断地接纳自己并完善自己。当意识到自己的缺点和不足时，不要去否定自己，而是要接纳自己并且想办法改正错误。要知道，世界上没有十全十美的人，要相信自己，把自己的潜力充分发挥出来。

3.友善和谐地与人相处、交往。人际交往在青春期男孩心理健康发展中占有非常重要的位置，积极的人际交往对排解内心的矛盾和孤独感也是非常有利的。

走出黑暗世界

留言板：

　　"我是一个很自卑的孩子，我感觉自己总是在黑暗中摸索，不愿和他人交往，不愿意见到别人，不愿意与别人说话，对任何事情都缺乏勇气和信心，我讨厌这样的自己，也害怕自己一直会这样下去，我该怎么办？"

——消失的雨夜　11岁

@ 消失的雨夜

自卑感是男孩青春期常见的心理障碍之一。它会严重影响人际交往，妨碍学习、生活的正常进行，并且还会抑制个人能力的发挥，对男孩的健康成长来说，是非常不利的。

自卑感主要是指个人在与他人进行比较时，对自己的相貌、品质、能力、学识等做出过低的评价而产生的消极心理，常常表现为胆小怯懦、心情抑郁、遇事缩手缩脚、缺乏必要的生活勇气和信心等。自卑感较

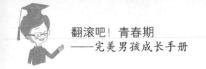

强的男孩容易把自己封闭在"黑色世界"内，将自己限制于焦虑而又疏远的"灰色心理"状态之中。这样不仅会使男孩失去很多美好的机会，而且也不利于他们的人际交往，甚至导致人格的缺失和心灵的扭曲。

健康小提示：

青春期男孩应该如何克服自卑感，走出"黑暗世界"呢？

1. 增强自信心，要相信自己的能力，善于发现自己的长处，不要随意贬低自己，以免产生自卑心理。增强自信心的最好办法就是先涉足一些自己熟悉的领域，慢慢地培养自己的自信心，之后再向其他方面发展。

2. 进行积极的自我暗示、自我激励，并且注意不要把目标制定得过高。自卑往往是由于失望而产生的，如果目标过高实现不了就会失去信心，最后产生自卑心理。因此，要确立合乎实际的目标，并且要经常保持着一种积极的信念："我能行！""我肯定行！"这种自我激励的方法有助于提高自己的自信心。

3. 要以豁达的态度来对待挫折，不要被失败打倒。要知道坚持下去就有可能成功，不坚持就一定会失败。

4. 积极地与他人交往。自卑者多数孤僻、不合群，自己把自己孤立起来。通过积极的交往，能够正确地认识他人的长处与短处，进而正确地认识自己、评价自己，使自己的性格变得开朗起来。

厌倦的情绪

留言板：

"好迷茫，我现在真的厌倦了一切，厌倦了学习，厌倦了生活，不知道自己该做些什么，好烦啊！"

——一抹耀眼的光　14岁

@ 一抹耀眼的光

你好！正处于青春期的你，对一切都感觉非常迷茫，甚至产生厌倦情绪。这是因为青春期正是男孩心理的迷茫期和成长期，你们对任何事物都有了不同于童年时期的新感受、新想法。但是，可能由于你们涉世未深，不能很好地接受新的事物，也不能够完全理解新的想法，而对于旧的想法、事物又觉得十分幼稚，才会时常感到迷茫。迷茫未必不是一件好事，这说明你已经认识到了自己的不成熟，正在寻找新的出路。

你要尽快让自己"成熟"起来，度过这段厌倦期，以免让自己产生厌世的想法。

健康小提示：

青春期的男孩们应该怎么做，才能摆脱厌倦情绪呢？

1.确立目标，提高自己的学习能力及为人处世的能力，勇于接受新的事情与想法。

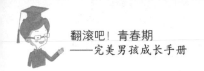

2.积极交往，改善自己的人际关系。有时候，人际关系差，也是男孩产生厌倦情绪的一个原因。因此，要学会关心、照顾同学，积极地建立自己的人际关系哟！

3.合理安排时间，对学习和生活要有计划地进行，做到有张有弛，保证充足的睡眠时间。

4.增加自己的兴趣爱好，多参加一些课外活动，使自己的精神得到充分放松。

疏导和调适逆反的心理

留言板：

"我是一名14岁的男孩，最近一段时间，我和妈妈的关系非常紧张，基本上处于对立状态。妈妈说东，我偏说西，妈妈要我向左，我就是要向右。无论妈妈做什么，我都会反驳她。这就是我，一个比较叛逆的男孩。"

——紫色的忧伤　14岁

@紫色的忧伤

一般来说，男孩从6～18岁处于心理的转折阶段，这时候逐渐开始出现逆反心理现象。通常表现为：不喜欢别人对自己指手画脚，不喜欢按照别人的要求去做；如果父母频繁地"唠叨"，也会感觉十分厌烦；对父母的批评教育感到反感和愤怒；对于那些与老师唱反调的同学十分赞赏；认为很多规章都是极其不合理的，应该淘汰；一旦决定做某件事，不管别人如何劝阻也不会改变初衷；父母或老师越是不让做的事，就越要去做等等。

青春期男孩的逆反心理属于正常的心理现象，它是男孩青春期成长道路上必须要经历。因为在这个时期，你慢慢有了自己的想法，虽然有些想法还不是很成熟，但也不愿意接受别人的意见。

如果对逆反心理过于"放纵"，不去积极地疏导和调试，很容易会让青春期男孩走上犯罪的道路。男孩们该如何做好逆反心理的疏导与调试工作呢？

1. 学会理解。

学会从积极的意义上去理解父母与老师。要知道，他们的唠叨与批评都是出于对你的关心与爱护，尝试以宽容的心态接受他们的建议，这样也就不会出现逆反心理了。

2. 做自己情绪的主人。

要善于控制自己的情绪，不论遇到什么情况，都不要感情用事，不能因强烈的情绪波动而失去理智，也不能偏激，要虚心接受父母的批评教育，遇事要尽力克制自己，逐渐形成自我情绪控制的能力。

另外，还要积极主动地与父母沟通、交流思想，遇到问题多向他们请教。

3. 学会适应环境，并建立良好的人际关系。

男孩们要学会适应环境，提高自己的心理承受能力。要知道，压力是无处不在的，所以要学会敞开心扉，努力去适应环境，不要过分自责和苛求自己。与人交往时，不能斤斤计较，要学会容忍和体谅别人，

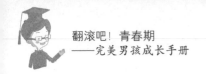
并要和睦相处，这样便会获得真正的友谊，心境也就自然趋向平静了。

4.保持乐观态度，以积极、正确的态度对待困难与挫折。

要学会在逆境中磨炼自己的意志，相信自己，培养自信心，不断地进行自我激励。

5.注意劳逸结合，多参加一些丰富多彩的课外活动。

在活动中激发兴趣，提升自身价值，更有利于身心健康，也能更好地发现自我，增长知识。

战胜羞怯心理

留言板：

"我发现我可能有社交恐惧症，在生活中，只要我一遇到陌生人就会脸红、紧张。有时候，在一些公共场合被人注视的时候，我也会感觉心慌，总想逃开。这种状态严重影响了我的学习和社交。我该怎么办？好自卑啊，教教我应该如何战胜这种羞涩的心理吧！"

——绝对零度 14岁

@绝对零度

青春期是我们成长过程中重要的转折时期，在这个时期，青春期男孩会出现很多心理问题，而社交恐惧症就是比较常见的青春期心理问题之一。

一般来说，处于青春期的男孩是渴望友情的，他们希望广交朋友，但是有一些男孩找别人交谈或是他人主动与自己交流时，就出现了恐惧反应。例如面对不熟悉的人讲话、在众人注视下运动或与异性交往时，神经处于非常紧张的状态，严重者还经常会出现焦虑、多汗、面红耳赤等症状。这些都是社交恐惧症的症状。

患社交恐惧症的男孩经常羞于见人，把自己孤立起来，这就给自己的日常学习和生活造成了极大影响。

健康小提示：

青春期男孩该如何战胜这种羞怯心理，培养社交能力呢？

第一，产生羞怯心理的男孩一般都是不自信的，尤其在社交上缺乏自信心，如果遭受挫折和打击，受到戏弄或嘲笑，自卑感就会更加强烈。因此，一定要让自己自信起来，不要一味地否定自己。

第二，要多培养自己的社交技巧和能力，在与别人接触之前不如花点时间了解一些关于对方的信息，这样在接触时就不至于因为找不到话题而尴尬了。例如，学会倾听和倾诉，有烦恼是一定要说出来的，试着找个可信赖的人说出自己的烦恼；对别人的交往信号做出积极的反应，学会主动交往。如果在交往中，出现脸红心跳，那就要学会自我放松，可以做深呼吸，或者进行松弛训练，让自己的神经处于平稳状态。

第三，平时应多参加体育、文艺等集体活动，试着主动与同伴或陌生人交流，在交流过程中，逐渐去掉羞怯、恐惧感，使自己成为一个开朗、乐观、豁达的人。

第四，如果社交恐惧比较严重，需及时向父母求助，必要时要找医生帮忙。

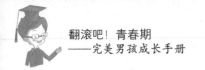

摆脱孤独的心灵

留言板：

"最近一段时间，我的情绪非常低落，不大愿意和别人说话。在学校里，同学们都不喜欢我，我也不愿意与他们交往。我总是在下课后，独自一人趴在桌子上，回家后，也是一副郁郁寡欢的样子。爸爸说我现在就是一个'闷葫芦'，我是不是患了自闭症？"

——再见小情绪　13岁

@ 再见小情绪

根据描述，你的种种行为更符合青春期抑郁的症状，而不是自闭症。

大多数人经常把抑郁症和自闭症混淆，不能有效地区分。其实，这两种心理疾病的区别还是比较大的。首先，我们先来了解一下抑郁症，男孩进入青春期以后，就开始出现自我封闭、自卑、自责、羞愧和防范心理过强等。而自闭症则是一种先天性发育障碍，大部分患者脾气暴躁，动不动就骂人、打架，与人交流受限，行为刻板，严重影响人

我最近心情不好，想跟你说说。

际交往。

一般来说，青春期男孩出现抑郁，大多是由于父母的过度溺爱和保护，而让孩子产生极度的不安全感。也有一些孩子可能是在小时候受到伤害，遇到问题不敢反驳，产生的一些委屈和不满情绪一直积压在心里，得不到有效的释放，长大以后也就容易出现抑郁。

其实，对于青春期的抑郁，男孩们也不要过于紧张，现在最重要的是要保持积极的心态去面对。要学会积极地激励自己、鼓励自己，增强自信心；面对困难与挫折时，不消极不退缩；多与朋友交流，多参加一些文体活动，培养自己的兴趣爱好。

另外，找朋友、老师、父母倾诉，或者寻求帮助也是个不错的方法哟！而那些性格比较内向的男孩也可以通过写日记的方式来表达自己的感受。加油吧，只要勇敢地迈出第一步，你就会发现，原来外面的世界是如此的美好。

做事精神不集中——焦虑症

留言板：

"在学校里，我一直是个品学兼优的男孩。但是最近一段时间，我的成绩直线下滑。上课经常走神，总是感觉心神不宁，每次在课堂上发言，都显得很紧张、很羞涩。参加集体活动也不再像从前那么大方了，情绪很低沉。在家里，也没什么食欲，晚上还失眠、多梦，白天总是坐立不安，还经常头晕，身体非常不舒服。我这是怎么了？"

——站在世界的巅峰　14岁

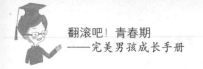

@ 站在世界的巅峰

巅峰同学，你好，依据你描述的情况，你可能是受到了青春期焦虑症的困扰。

青春期的男孩由于从生理和心理上都发生了本质的变化，所以才很容易患上焦虑症。

一般青春期的男孩们患上焦虑症的原因有以下几点。

1.青春期男孩身体发育加快，不但身高、体重得到迅速发育，而且出现了性发育，主要表现在生殖器官和第二性征的发育等。男孩容易对自己生理等方面的变化产生出一种探索的欲望，有些男孩还会感到不知所措、恐慌等。

2.青春期男孩无论从情感和思维方面都处于一个转折点，也开始有情感幻想和性冲动，对异性产生好奇，想接近异性却又顾虑重重，一种矛盾又焦躁的心理油然而生。

3.青春期男孩的学习和生活的压力比较大，开始学会思考自己的未来，这样也很可能加剧焦虑。

青春期男孩出现焦虑症是比较常见的，主要表现为恐惧、紧张、羞涩、孤独和自卑，有时还可能伴发头晕头痛、失眠多梦、眩晕乏力、口干厌食、心慌气促、神经过敏、体重下降等症状。如果长期处于这种焦虑的状态之中，就会严重危害男孩的身心健康。

因此，处于青春期的男孩们，要科学地学习生理知识，要懂得青春期是人的生长发育中一个必须经历的过程，不必为此而感到过于好奇或过于担心。当你们遇到问题或困难时，要及时找有经验的长辈请教或倾诉，尽可能主动地去解决问题。另外，还要增强自信心，减少自卑感，多多培养自己的兴趣爱好，积极参加一些集体活动，正视与异性的交往等。

如果焦虑症状严重、持续时间较长，影响到正常的生活和学习，那就要及时到医院就诊了，以免给自己的身心造成严重负担。

勇敢面对挫折

留言板：

"我发现长大了以后，面临的事情就多了起来，总是有数不清的麻烦等着我，可是我又不知道怎么去面对，于是就有越来越多的挫败感、烦躁感，让我非常不舒服，真不想长大！"

——时髦的短发 15岁

@ 时髦的短发

是的，时髦的短发同学。我们都知道，青春期是男孩成长道路中的迷茫期。由于生理上慢慢成熟，父母和老师慢慢地把你当成大人来看待，对你们提供的帮助越来越少，而你们的心理还没有发展到完全成熟，还不能独自解决所有问题。因此，这个阶段是你所面临的心理"断奶期"。你们不仅要学习丰富的知识，还要拥有很强的适应能力，去勇敢面对未来的各种挑战。

勇敢地面对挫折并不难，只要你按照我教的方法去做，就一定战胜挫折！

第一，男孩们要学会正视挫折，遇到挫折应该沉着冷静，不要慌张，更不要发怒，认真分析挫折产生的原因，以积极的态度去应对。

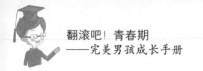

第二，懂得及时宣泄不良情绪，这样能够消除因挫折而产生的精神压力。不要总对自己说男儿有泪不轻弹，男孩也是人，也有郁闷的时候，必要的时候也要告诉自己"男人哭吧哭吧不是罪"。你也可以尝试主动找人去倾诉，不要把所有的痛苦都闷在心里以减轻挫折感。

第三，逐渐提高抗挫折能力。当你遇到挫折时，要勇往直前，通过自己的努力去克服挫折，以提高对挫折的承受能力。

第四，平时注意丰富自己的业余爱好，多参加一些文体活动，这样能够有效地转移挫折感，使内心变得积极向上，从而增强自信心。

第三章　家人和朋友

谁动了我的日记

留言板：

"今天放学后回到家，我发现抽屉里的日记本被动过了，那里写的都是我的小秘密！肯定是爸爸妈妈私自偷看我的日记了，真讨厌，他们为什么一点也不尊重我的隐私呢？只要一想到他们偷看我的日记，我就十分恼火，好想冲过去和他们大吵一架。"

——被遗忘的笔记　13岁

@ 被遗忘的笔记

对于你现在的心情，我非常理解，但也不要冲动行事哟！

爸爸妈妈偷看你的日记，可能是因为你们平时缺乏沟通，而父母又想要更加了解你，他们担心单纯的你受到外界不良诱惑的影响，害怕你受到伤害。正因为爸爸妈妈是真心爱你的，所以他们才迫切地想知道你的心理和生活状态，"无奈"之下，只好翻开了你的日记，偷窥了你的隐私。

你要明白，父母偷看日记的行为本身是没有恶意的。你也不要为此而发脾气，甚至和父母大吵大闹。你要学会站在父母的角度想问题，

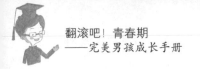
遇到事情要先冷静一下再做出反应，以免伤了他们的心。

如果你真的不想父母翻看你日记中的小秘密，那么解决这件事最好的方式就是与他们直接沟通，说出你的想法，或是以给他们写信的方式来进行沟通。及时与父母沟通并交流内心的想法，把父母当作是自己亲密的朋友，将自己的困难和心事告诉他们，这样他们就不会再打你日记的主意啦！

当然，你也可以把自己想对父母说的话，或者提的意见和建议都写在日记里给他们看，让他们知道你的真实想法。有时候，你也许有好多话想对父母说，但是碍于面子又不好意思说出口，不妨就借此机会把这些话都写在日记中，当作一种特殊的交流方式吧！这样比面对面交流更加容易。慢慢地，也许你就会发现父母变了，变得更加理解你，并支持你的想法了。

 ## 妈妈又生气了

留言板：

"最近一段时间，妈妈总是莫名其妙地发火，就像前天，本来我好好地坐在那边看电视，她却对我横加指责，一会儿说我怎么还不去做作业，一会儿批评我把沙发套弄乱了。一旦我跟妈妈辩解，她就会更加生气地大声训斥我，进而我们就会'兵戎相见'。唉，好烦啊，

面对妈妈的挑剔行为，我该怎么办呢？"

——铅笔描绘的思念　14 岁

@ 铅笔描绘的思念

面对妈妈的大发雷霆，我相信聪明的你一定不会立刻如火山爆发般和妈妈"硬碰硬"，或者选择冷战的方法来排挤妈妈，因为这样使你们母子之间的关系越来越远。

聪明的你也一定知道，当时在气头上的妈妈，无论你说什么她都是听不进去的，即使是讲道理或者为自己去辩解的行为，都是不理智的，甚至可能会再次引爆你们之间的"炸弹"。生气时说的话是很伤人的，你现在已经是大男孩了，要学会如何处理这种棘手的问题。与妈妈发生争吵时，最好的办法就是先保持沉默，可以和妈妈分开一会儿，给彼此一段冷静的时间。等事情平息之后，找一个恰当的时机和妈妈谈一谈，把你的想法告诉妈妈。当妈妈已经比较冷静了，她便能够和你正常地沟通，这时你完全可以把当时事情的前因后果向妈妈表述清楚，解释事件的原因，让妈妈能够充分地理解和包容你，而妈妈也会因为自己莫名其妙地发火而感觉不好意思，或许会向你道歉。

你还要让妈妈知道，你是爱她的，你愿意为她做任何事。要告诉妈妈，经常发脾气对身体是有害的，尽量劝解妈妈下次再遇到这种事情，能够心平气和地处理。

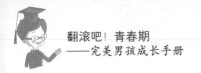

爸爸和妈妈的战争

留言板：

　　"在我很小的时候，爸妈就经常吵架，当时的我也无法阻止，只知道哭，哭得很伤心很伤心。现在，我上初中了，爸爸妈妈还是一直吵架，这个月都已经是第五次了，我真的受不了啦！他们从来不顾及我的感受，面对爸爸妈妈的吵架，我该怎么办？快来帮帮我吧！"

——凌乱的五线谱　14岁

@ 凌乱的五线谱

　　对于你的烦恼我非常理解。每个人都渴望拥有一个温馨幸福的家庭，但是，生活在一起的夫妻之间总有一些摩擦是不可避免的。一般来说，作为儿子，最好不要在父母吵架时就直接掺和进去，更不要站在父母其中一方的立场进行"帮忙"，因为无论你帮哪一方，都会让另外一方觉得自己被孤立了，也因此会感到伤心。其实，父母在吵架时，只要不涉及原则上的问题，他们之间的小摩擦很快就会被化解，而儿女的参与反而有可能会让父母的小摩擦升温。

　　当然，如果你的父母吵架过于频繁，或者有离婚的可能，那么，作为爸爸妈妈的儿子，你可以在吵架过后去化解父母间的矛盾。

　　首先，你可以在事后找机会跟爸爸妈妈分别谈谈，告诉他们自己的想法，让他们知道，你因为他们吵架而感到非常苦恼。也让你的父母了解，你希望他们能够互相谦让和理解，不要为了一点点小事就争吵不休，更不要相互埋怨和挖苦。让你的父母开始重视你的感受，相信你一定可以打动他们。

其次，你也可以试着找出爸爸妈妈吵架的原因，争取找到解决的办法，这样减少了发生冲突的导火索，争吵自然就会减少啦！

例如，妈妈埋怨爸爸非常懒，那你可以时刻提醒一下爸爸，你也可以勤快点，帮爸爸妈妈做一些力所能及的事；如果爸爸嫌妈妈因为一点点小事就唠叨起来没完，那你可以在妈妈要唠叨之前，"消灭"她要唠叨的话题。高情商的男孩会做父母之间的润滑剂，这样也就可以减少矛盾啦！

当然，你也会遇到化解不了他们之间矛盾的情况，毕竟你还小，不能完全明白大人的想法，这时的你可以暂时回避一下，比如说出去走走，散散心，透透气，或找好朋友倾诉一下等等，让父母自己去解决问题。也许等你再回到家的时候，家里已经风平浪静了。

真正的朋友什么样？

留言板：

"到底真正的朋友是什么样子的？我的父母总担心我交友不慎，怕我'误入歧途'。我觉得我现在已经长大了，他们的担心是多余的，知道究竟什么样的朋友才是值得交往的，不就好了？"

——蓝色的向日葵　15岁

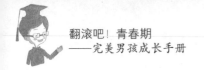
@ 蓝色的向日葵

蓝色的向日葵同学，你好！首先你应该知道，你的父母是因为爱你，才担心你"误入歧途"的。是的，你已经长大了，对于什么是友情、什么是真正的朋友，有了一定的了解，但是，真正的友情不仅仅是相互帮助哟！

友情是一种最纯洁、最朴素，也最平凡的感情。真正的友谊，是彼此之间友好的象征，是连接朋友之间心与心的桥梁。

真正的朋友就是在关键时候能够义无反顾地提供帮助的人；就是在对方无助时，能伸出无私的手的人；就是要相互了解、尊重信任、包容，多为对方考虑的人；是无论你是"落魄"还是"辉煌"，都依然对你不改初衷的人；就是当你伤心时能陪你哭、当你笑时会为你开心的人；就是在你困难的时候帮助你却不需要回报，永远不会让你掉眼泪的人。

总之，真正的朋友要做到真诚相待、互相信任、充分理解以及彼此宽容！

朋友间的"诚信"

留言板：

"我最好的朋友对我撒谎了，我该怎么办？前一段时间，我和好朋友小星约好去打篮球，打篮球的当天早晨他打电话给我，说要去补习班，不能打篮球了。可是，我却无意间看到小星和小语在公园的篮球场打篮球，玩得很开心。那一瞬间，我感觉到了朋友的背叛，我好生气，也好伤心，我该怎么办？"

——徘徊在十字路口　13岁

@徘徊在十字路口

我觉得你现在先不要生气，也许这中间有什么误会，也许发生了什么特殊情况导致小星没能去补习班，之后他又觉得已经跟你说不能去打篮球了，怕你已经做了其他安排，所以没有叫你。其实，你可以找小星问清楚到底是怎么回事，搞清楚事情的原因，然后再决定接下来要怎么做，是原谅他继续做朋友，还是和朋友分手。

当然，如果你的朋友确实是事出有因，你就要试着用宽容的态度去理解并原谅他吧；如果他是故意的，不想与你交往，那么你就要学会放弃，并尝试着再交一个新朋友吧！

你要知道，每一个人都有选择自己朋友的权利，不是所有交

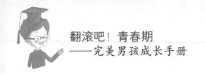

往过的人都可以成为永远的朋友，你应该学会试着去尊重朋友的选择。你也不要抱怨，因为没有一段友情注定是天长地久的，它需要你们共同用心去经营。如果小星决定了要离开你，那么，你也要好好地反思一下，你们到底哪里不合适，还是你哪里做得不对，也许当你发现了自己的缺点并改正后，会收获更多的友谊。

"网友"算朋友吗？

留言板：

"'网友'算朋友吗？我在网络上认识了一个朋友，我们聊得挺开心的！他总是能在我伤心的时候安慰我，当我和爸爸妈妈产生矛盾的时候，帮我想解决的办法。我认为，如果我们在现实中，一定会成为好朋友的。但是，妈妈却说，网络是虚拟的，没有真正的朋友，这是真的吗？"

——咖啡色的忧郁　12岁

@ 咖啡色的忧郁

要知道，不论是在现实生活中，还是在网络中，只要你们彼此之间产生心灵共鸣，彼此之间真诚相待、相互帮助，那么你们就是真正的朋友。

虽然网络是虚拟的，你的网名可能是假的，年龄可能是假的……但是，你们可以有着同样的酸甜苦辣和喜怒哀乐，你们通过交流都能感受到彼此的心声。

当你把生活中遇到的开心事说给对方听时，网友会分享着你的喜悦；当你伤心的时候，网友会耐心地安慰你；当你遇到挫折时，网友会鼓励你重新振作起来，克服困难；当你过生日时，网友会送上一句句暖人心怀的祝福！

当然，在网络中也存在一些"感情骗子"，他们用虚假的信息来骗取对方的友谊，甚至是金钱，这类人是不值得信任的，他们也不会获得真正的友谊和朋友。所以在网上交朋友一定要注意，即使你们聊得再投机，也不要轻易接受无理的要求，比如说借钱，让你告诉家庭的住址，以及一些关于人身财产安全的信息。所以，我们可以在网络上交朋友，但一定不要给那些不法分子可乘之机。

朋友"威胁"我

留言板：

"帅帅、小磊和我是好朋友，我们三个人是学校公认的'铁三角'，关系非常亲密。可是，不知道为什么，最近一段时间，小磊和帅帅闹别扭了，他们两人的关系很'紧张'，作为他们的好朋友，我很难过，更让我为难的是，小磊竟然来'威胁'我说：'如果我再和帅帅做朋友，他就不理我了，以后我们就不是好朋友了！'听小磊这么说，我真的感觉好矛盾，他们都是我的好兄弟，我不想失去任何一方，我该怎么办呢？"

——最寒冷的季节　15岁

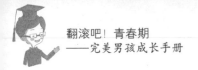

@ 最寒冷的季节

你现在的心情我非常理解，善良的你不愿意放弃任何一个朋友。作为"中间人"的你要明白，出现这种情况有可能只是因为他们之间发生矛盾怄气而已，也许过段时间等他们气都消了，就不会再"威胁"你啦，你们还可以继续做你们的"铁三角"。

当然，也可能他们之间的矛盾非常严重，那么你就要尝试去了解矛盾产生的原因，不妨把他俩一起约出来，让他俩好好地聊一聊，尽量用你们的友谊去化解这场"战争"。

友谊是一段非常奇妙的感情，它可能让你们彼此之间靠得很近很近，也可能因为一件微不足道的事儿而产生矛盾，甚至是疏远。只要你们彼此之间相互尊重、相互理解、相互包容，我相信你们会成为永远的"铁三角"。尽量不要轻易放弃一份友谊，当然也不要盲目地被友谊"威胁"。勇敢地做你认为正确的事，运用你的智慧去维护好这段友谊吧！

我那爱撒谎的朋友

留言板：

　　"我有一个爱撒谎的朋友，他总是在编造各种各样的谎言，就像上次，他明明没有写老师布置的作业，却对老师说作业本弄丢了。还有一次，我们班的拖把坏了，当时只有他一个人在教室里，明明就是他弄坏的，可当老师问他时，他却说是拖把使用时间太长了，自己坏掉了！我真的不知道该怎么形容他，他为什么那么喜欢撒谎呢？我该怎么办？还要继续和他做朋友吗？"

——我的世界我做主　12 岁

@ 我的世界我做主

　　我觉得你作为朋友，应该告诉他撒谎是不对的，劝导他要改掉撒谎的坏毛病。一个谎言需要一百个谎言来掩盖，如此下去，你朋友的生活就要被谎言所包围了。你要让他明白，说谎不仅会让自己失去朋友，

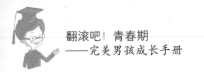
还会让自己的心灵被"污染"。做错了事情就要勇于承认，而撒谎就是错上加错，只会让事态更加严重。

如果你的朋友还是不肯接受你的帮助，你可以尝试把这件事情告诉老师或他的父母，让他们帮助你的朋友改掉撒谎的毛病。同时，你也要让他了解，你会一直在他的身边，希望他能够改过，你这样做并不是对他的背叛，完全是为了他好。我想，未来他一定会感谢你的。因为好朋友不是一直在他身边阿谀奉承的人，而是在他做错了事时能勇于告诉他需要如何改正的人。

分享秘密

留言板：

"我的好朋友小狼经常问我一些隐私问题。虽然我们关系很好很亲密，但是我也不想把自己所有的秘密都告诉他。对于他的'刨根问底'，我该怎么办呢？我怕我不告诉小狼，他会生气，就不再和我做朋友了。可是，告诉他吧，我又觉得心里不舒服，好矛盾啊！"

——单眼皮的魅力　13岁

@ 单眼皮的魅力

对于你的问题，可能是每个青春期男孩都曾经历过的事情。其实，好朋友之间并不是毫无隐私的，每个人都会有属于自己的小秘密，而有些秘密是不想跟别人分享的。

他而作为你的好朋友，并没有掌握好友情和个人隐私的尺度，这就是他自己的问题了。每个人都是一个独立的个体，都渴望拥有一个

属于自己的空间，一个
希望不被别人干涉的私
人空间，可以让自己的
身体和心灵得到完全的
放松，以获得内心的安全感。

如果你下次再遇到朋友"窥探隐
私"，你要明确地告诉他，让他学会尊重别人，不要随便追问别人的隐私。
但你一定要注意自己的语气，避免伤害到他，影响交情。相信他并没
有什么恶意，只是单纯地出于关心你，或者是好奇心在作祟而已。

你也可以请他站在你的立场想想，如果别人追问他的小秘密，他
是不是也会觉得很苦恼呢，让他明白"己所不欲，勿施于人"的道理。

我相信，只要你们是真正的好朋友，那么他是可以理解你并尊重
你的。

伤害了朋友，自己也会不开心

留言板：

"我和好朋友小坤吵架了，因为他看到我被高年级的学长欺负时，
竟然一点也不帮我，还一直拉我离开，让我这么窝囊地'逃走'，于
是我骂了小坤，说他是胆小鬼，再也不和他做朋友了。小坤也很生气，
我们已经好几天都没有说话了。现在我也知道自己当时太冲动了，是
我做得不对。对于小坤的'冷漠'，我真的很不开心，我该怎么办呢？"

——习惯了一个人的孤独 14岁

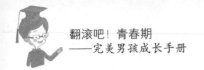
@ 习惯了一个人的孤独

> 对不起，上次的事情是我不对！

既然你已经明白了自己的错误，而你和小坤又是很要好的朋友，那么你只需要找个机会，主动去向小坤道歉，真诚地请求他的原谅就好。相信小坤也不是"小气之人"，只要你努力了，你们肯定会重归于好。

为了打破你们之间的"冷漠"关系，重新点燃友情，建议你按照以下方法来做吧！

第一，找准时机，主动示好。当朋友之间发生矛盾时，应该等彼此都冷静下来以后，找准时机主动道歉。当然，很多男孩都不会主动向对方示好，一方面害怕自己丢了面子，另一方面害怕被对方拒绝。你主动向对方示好，说明你在乎这份友情，这没什么好丢脸的；如果你是因为害怕被拒绝而失去这个好朋友，那就更得不偿失了。

第二，抱着宽容理解的心态去交朋友。当朋友之间出现矛盾以后，如果双方都能抱着宽容、理解的态度去处理，都能主动地为对方考虑，站在对方的立场上去思考问题，那么也就不会出现互相伤害的结果了！

第三，和好朋友解除矛盾以后，双方尽量不要再追究责任，忘掉那些不开心的事，让它烟消云散，大家一起向前看。

相信男孩们都知道，真正的友谊是需要你们彼此之间相互鼓励、相互包容、相互理解的，既然你们是好朋友，那么就好好珍惜这来之不易的友情吧！

我的同桌是女生

留言板：

　　"我刚上初一，同桌是一位娇小可人的女生，她长得非常可爱，性格也非常开朗活泼。有几次，我看到她穿着漂亮的裙子坐在我旁边的时候，就有一种脸红心跳的感觉，很想碰一碰她，这是怎么回事？难道这就是恋爱了吗？"

——世纪末的牵手　13 岁

@ 世纪末的牵手

　　对于正处于青春期的你来说，对异性产生好感是正常的。但是，这并不是"恋爱"哟！

　　这是因为男孩们进入青春期以后，随着身体发育的日趋成熟，性意识也开始悄悄萌发。此时，男孩就会对异性产生异常的感觉，会对异性感到好奇、爱慕，觉得她们身上有一股吸引力，想要更进一步地去了解女生，这些都是正常的现象。

　　但你要明白，学生时代的友情是美好的，恋情却是青涩的。所以，建议青春期的男孩们，不要把过多的精力用在这种对"异性的萌动"上面，要认真、正确地对待异性交往，把自己的注意多放在学习上才是正确的选择哟！

朋友 VS 女朋友 ❶

留言板：

"我的妈妈和雯雯的妈妈是闺蜜，我们俩又是从小一起长大的，所以关系一直很亲密。以前并没有感觉这种亲密有什么不妥，可是现在我上初中了，突然意识到雯雯是女生，而且，我们班的同学见到关系如此密切的我们，总是消遣我，说雯雯是我的女朋友。我不知道，雯雯到底是不是我的女朋友呢？"

——任性的要求　15岁

@ 任性的要求

你和雯雯是从小一起长大的小伙伴，可以称作青梅竹马，关系亲密一点是正常的。但是，现在的你们已经不是小孩子了，应该知道要如何去处理男生与女生的正常交往。

我们是青梅竹马的好朋友

不要被你身边同学的思想所左右，不要因为同学的"消遣"就对异性关系感到敏感、神秘、紧张，甚至是恐惧。你越是感觉到不自在，在同学们看来就越有问题。所以你大可不必给自己增加心理负担，只要真的把她当成朋友，并以朋友之间应该有的方式来相处就可以了。

❶ VS，和……比较。——编者

相信你们之间只是正常的朋友关系。只是，以后你和雯雯在一起时，尽量避免与雯雯单独相处，不要过度敏感，甚至胡思乱想，应该更加坦诚豁达，落落大方。

对于正在读初中的你来说，和异性在一起，可以多谈谈学习兴趣方面的问题，不要把过多的精力放在"朋友 VS 女朋友"方面，不要混淆友情与爱情之间的关系。如果在你的思想中萌发了超越"友谊限度"的情感，那就要将自己的精力转移到其他方面或者更有意义的事情上去。

暗恋是美丽，早恋是涩果

留言板：

"我默默地喜欢一个女孩，我的目光总是不自觉地追逐着她，我不知道自己要不要努力去追求她，要不要跟她表白。我该怎么办呢？快来教教我吧！"

——有一种沉默叫思念　14岁

@ 有一种沉默叫思念

青春期而言，对女孩存在好感或者喜欢上了某个女孩，这都是正常现象。前面我们讲过了，青春期的男孩由于性意识的产生，对异性产生亲近的欲望，是人之常情，也是可以理解的。

对于是否要表白，我要告诉你，无论你表白后成功与否都有可能会使自己受到伤害。如果成功了，可能会影响学习，而且对于你们来说，可能是没有结果的"恋情"；如果失败了，你会很伤心，可能很久不能接受这个结果，进而影响自己的心态，更会影响你们同学之间的友情。

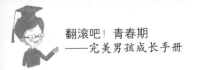
有一句话是这样说的：暗恋很美丽，早恋是涩果。

求知、恋爱、结婚……这些都是人生必须经历的过程，但你要知道自己现在处于什么阶段，要以什么身份去做自己该做的事。早恋对于你们来说，所承受的负担是极其沉重的。因此，处于青春期的男孩，不仅要学习文化知识，还要多多学习应该如何与人交往。恋爱不只是一时冲动的小情绪，它还包含很多责任。

当你真的产生感情时，你们目前的身份是学生，要学会控制并转移自己的感情，不妨把自己对那个女孩的爱恋，转化为你努力学习的动力，等你有能力对她负起责任时再对她表白。用理智去战胜情感，及早远离"早恋的旋涡"。

我暗恋一个女孩。

学生时代的友情是最纯洁无瑕的，可别让自己的"小情绪"毁了这份纯真而又甜蜜的友情哟！

什么样的男孩招女生喜欢

留言板：

"现在的我很想做一个受女生喜欢的男孩。可是，我又不知道应该如何改进自己，能不能告诉我，什么样的男孩比较受女孩喜爱呢？我该怎么做？"

——深刻的记忆　13岁

@ 深刻的记忆

青春期的很多男孩都问过这样的问题，到底什么样的男孩招女生喜欢呢？

我觉得正处于青春期的你还在发育阶段，应该以学习为主，努力让自己变得优秀，正确地对待男女生的交往问题。

当然，男孩在成长的道路上，也需要学会一些交际技巧，做一名受欢迎的优秀男孩。

1.首先要做到自信，亲切，平易近人。自信能让你给人一种安全感，而亲切、平易近人是让你懂得顾及别人的感受，并且愿意帮助别人，相信这样的男孩肯定会有好人缘的。

2.认真负责，诚实可靠，宽容忍让，这是一个优秀男孩都要具备的基本特征。

3.有丰富的学识，举止优雅。出口成"脏"、张大嘴打喷嚏的男生是肯定不受欢迎的。

4.有自己的兴趣爱好。这样的男生是最可爱的，尤其是热爱运动的男生。人们常说：专注的男人是最帅气的也是最可靠的，更是最受欢迎的。

5.有绅士风度、有幽默感。那些彬彬有礼，懂得尊重女生，而且有一些独特的幽默感的男生更是深受女生欢迎的。

绅士风度
有幽默感

热爱运动

自信

学识丰富
举止优雅

认真负责
诚实可靠
宽容忍让

尊重女生

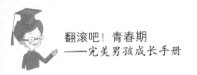

"三角恋"？

留言板：

"我在读初三，不管是学习成绩还是体育运动都很不错，本人还是标准的帅哥一名哟！不过，最近我也挺烦恼的，面对两名女孩的追求，我无从抉择，虽然这让我很有成就感，但是，现在的我该怎么办呢？"

——永不变的承诺　16岁

@ 永不变的承诺

处于青春期的男孩女孩，都有可能碰到热烈追求自己的人，或者是自己喜欢的人。这时的你们，如果有着恋慕异性的倾向和接近异性的行为，都非常正常的现象。

你所遇到的状况就是三角恋爱。三角恋爱是指两个人同时喜欢一个人、一个人同时喜欢两个人，或者 A 喜欢 B 而 B 又喜欢 C、C 又喜欢 A，这些恋爱都叫作"三角恋"。

在生活中，三角恋是比较常见的，但是对于处于恋爱中的三个人来说，也是非常痛苦的，我建议你应该尽量避免这种恋爱关系。

要知道，对于处于青春期的你们来说，学习知识才是最重要的。而你们所谓的"喜欢"只是由于性意识的驱动，逐渐对异性产生好感和亲近的欲望。从性心理发展的角度来看，你们只是受荷尔蒙影响产生了对异性好奇的青春萌动，这并不代表你们已经懂得什么是真正的爱情。

要学会适当地拒绝。对于青春期男孩来说，面对异性的"热烈追求"，你可能会产生一种成就感，其实这不过是虚荣心在作祟而已，

也有些男孩可能会感到不知所措，以至于被动地去接受这种"恋爱关系"。要知道，三角恋不仅会伤害别人，也会使自己受到伤害。青涩的爱也许会让人向往，但你也要明白，爱得太早是结不出甜美的果实的。你要学会在尊重对方的前提下明确地表明自己的态度，语气要坚决，语言不能含糊，免得使对方产生误解。

正确地交往。尽量避免与异性单独相处，交往起来要落落大方，把握好交往时的心理距离和行为分寸，避免过度亲密而引起对方的"误会"。

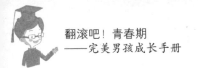
第四章　交往很简单

爸爸妈妈，我长大啦！

留言板：

"爸爸妈妈，我已经长大了，请你们不要再当我是小孩子了，好不好？可不可以让我有一点私人空间，请你们放过我，给我一点独立和自由，让我解放吧！"

——回忆里的旋转木马　14岁

@ 回忆里的旋转木马

你的心情是可以理解的，那是属于青春期男孩特有的心理状态呢！

青春期是一个比较敏感的时期，是一个生理和心理迅速发展的时期。此时，男孩从身体、外貌、行为、自我意识与人生观等方面，都脱离了儿童时期的特征而逐渐成熟起来，而这些变化会使男孩们产生以下表现：独立感增强，想要摆脱家长的束缚和管制；渴望成为自立自主的男子汉，有时又渴望得到别人的关注；容易冲动，情绪反复无常，反抗性极强，时常乱发脾气等等，这些都是正常现象哟！

爸爸妈妈也一定知道现在的你正处于"非常时期"，他们非常担心你，害怕你走错路，所以才处处管制你、约束你。

建议你可以经常和爸爸妈妈沟通，把你内心的想法告诉他们。有冲突的时候多和他们协商解决，以实际行动来证明自己已经"长大"啦，让他们能够充分地理解你、信任你，从而让你能够摆脱烦恼与困惑。

老师的批评要虚心接受

留言板：

"从小到大，我一直享受着父母的关心与宠爱，这种"宠爱"让我受不得一点批评。一次，老师在课堂上严肃地批评了我，这让我很生气、很难过！现在我特别讨厌这位老师！"

——淡淡的柠檬草　12岁

@ 淡淡的柠檬草

你要明白，老师批评你，并不是针对你，而是为了能够让你认识到自己的错误。

我知道，每个人都是喜欢表扬多过批评的。在受到批评后，更是感到非常恼怒、不安、害怕。可是，你在被批评后，能够了解其背后的真正含义吗？

批评同表扬一样，只要你能正确积极地面对，从中领悟出批评的含义，那么，它不仅可以起到一定的警示作用，还可以成为鼓励你茁壮成长的动力哟！请虚心接受他人对你提出的建议或意见，努力改正

让自己变得更加优秀吧！

当然，如果你已经尽力了，可以尝试主动和批评者沟通，并告诉他你的想法，尽可能做到充分理解，达成共识。

 ## 认真地倾听，幽默地交谈

留言板：

"我为什么要认真地倾听他人说话，与别人聊天还要保持幽默感呢？真是好麻烦呀！聊天就想说什么就说什么呗！"

——似水流年　13岁

@似水流年

哈哈，只有学会倾听，学会尊重别人，学会以幽默的方式与别人交谈，这样你才会与人相处越来越融洽，才会更受欢迎呀！

认真倾听本身就是尊重对方的一种方式哟！倾听他人谈话还能及时掌握对方的信息，并学习一些自己不知道的知识和为人处世的态度与原则，进而弥补自己的不足，并不断地完善自己！

当你掌握"倾听"的技巧后，还要学会在与人交谈中加入一些"幽默元素"。

幽默感不仅是人际交往中的一剂良药，一种高境界的智慧，更是一种乐观向上的生活态度。

幽默感是人与人之间的润滑剂，通过幽默地表达，可以舒缓紧张情绪，更能营造出快乐的气氛！当你与有幽默感的人相处交谈过，就会明白幽默的思维方式可以让人轻松摆脱尴尬气氛，可以在无形中化解矛盾，可以不动声色地使人充分享受到交谈的愉悦哟！

认真倾听
幽默交谈

男孩们，不仅要学会认真地倾听，还要学会幽默地交谈，这样才会让自己越来越受欢迎。

拒绝请委婉些

留言板：

"在学校里，经常有同学找我借东西，真是烦死了！不是我小气，而是他们借完东西后，经常忘记归还，事后我也不好直接去要，又不好意思拒绝他们，好烦啊！"

——掌心里的宝贝　14岁

@ 掌心里的宝贝

很多时候，我们本想拒绝一些事情，可是却碍于一时的情面，只好无奈地答应，心里就会不痛快。所以，男孩要学会适当地拒绝别人的不合理要求哟！

是不是只要说："不行，不可以，我不答应，事情没有可商量的

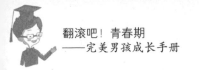

余地……"这样就可以了呢？

不是的，因为如果你毫不留情地拒绝，可能会伤害到对方，对方会觉得你不通情达理，进而讨厌你、憎恨你，甚至和你反目成仇呢！

拒绝也是有一定技巧的，男孩要学会委婉地拒绝别人的不合理要求。

1.你决定拒绝对方之前，应该先耐心地倾听他说了什么，这样可以让对方有被尊重的感觉，之后在你婉转地表明自己拒绝的立场时，也能避免伤害对方。

2.面对一些不合理的请求，可以找一些理由，或者表达一些自己的苦衷和立场，温和委婉地表达拒绝，让对方充分地理解你，这样比直接说"不"更容易让人接受。

3.拒绝对方时，可以适当提出一些替代的建议，也可以隔一段时间主动关心一下对方的情况，让对方觉得你并不是故意拒绝他的。

总之，在拒绝对方的时候，要尽量委婉一些，不要让对方觉得你伤害了他，从而影响你们之间的友谊。

赞美是赠予他人的阳光

留言板：

"我是一个比较直率的男孩，朋友有什么缺点我都会直言不讳，我不觉得这有什么错，可是他们都不喜欢和我做朋友，我该怎么办呢？能不能帮帮我！"

——低调的祝福 12岁

@ 低调的祝福

"直言不讳"并不是建立友谊的最佳方式。直接说别人的缺点是很容易伤害到对方的，对方自然就不喜欢和你交朋友啦！

在人际交往中，不能总是指责别人的缺点，要善于发现别人的优点，适时地表示赞美，这样才会让友谊更加长久哟！

每个人都期待被别人赞美，当你赞美朋友时，你的朋友会因为你的赞美和欣赏受到鼓舞，从而对你产生好感，更愿意和你在一起。而且，当你在交往中遇到比较尴尬的事情时，还可以通过赞美来一一化解。

赞美是赠予他人的阳光。赞美能使他人沐浴在阳光中，全身心地感受喜悦之情。

所以，男孩要学会适时地、真诚地赞美他人，这样你才能拥有更多的朋友哟！加油吧！

你今天的发型不错

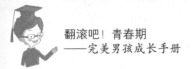

交谈的禁忌要牢记

留言板：

"聊天谈话不都是想到什么就说什么吗？还有什么不能说的吗？难道在聊天交谈中还要注意一些问题？搞不懂，好麻烦呀！"

——爱尔兰街头 15岁

@ 爱尔兰街头

是的哟，说话并不是"肆无忌惮"地想说什么就说什么的，聊天交谈中也有一些禁忌话题需要男孩们牢记呢！

在交谈中，如果你无意中触碰到对方的"雷区"或者"敏感话题"，这样不仅会给你自己带来尴尬，还会让对方感觉你非常没礼貌，觉得你说话非常伤

不要随意触及隐私

不要随便打断
别人的谈话

多一些幽默与赞美

诚实可信

人，让你们之间的关系产生隔阂，甚至影响你们之间的交往。

1. 不要随意触及隐私。每个人心里都有一个世界，会装下很多的秘密，有的可以分享，有的则不可以，所以不要妄图知道这些秘密哟，要尊重对方，让对方有一定的"隐私权"。

2. 不要随便打断别人的谈话。因为被打断的人会认为你不够尊重他，觉得你非常没有修养哟！

3. 多一些幽默与赞美，少说一些得罪人的话，也不要满口脏话、油腔滑调等等。每个人都不喜欢听到批评的话，所以不要吝啬你的赞美，多说一些赞美对方、鼓励对方的话语吧！

4. 诚实可信，尽量不要牢骚不断、信口开河、搬弄是非，这样会有损你在他人心目中的形象哟！

亲爱的爱尔兰，现在你知道"交谈禁忌"了吗？以上的技巧可是你在交往中必不可少的"助力"，努力学习吧！

配合是一种气度

留言板：

"激烈的篮球比赛开始了，可拿到球后，小威却一直不传球。真讨厌，一点也不讲团队精神。结果他一直被对方球员紧盯不放，频繁被拦截，最后我们队输了。气死我了，都怪他，我再也不想和他做朋友了！"

——转角遇到甜甜的你 13岁

@ 转角遇到甜甜的你

在成长过程中，很多男孩都存在一些任性、自私、以自我为中心、缺乏团队合作精神等小问题呢！

在一个团队中，每个成员的力量都是必不可少的，如果想要获得成功，大家必须做到相互配合、相互尊重、及时沟通，为了共同的目标而共同努力。如果大家各做各的，不讲究团队协作，相互排挤，最后肯定是以失败而告终的。

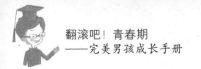

就像你们参加篮球比赛，考验的不仅仅是个人的球技，也是考验整个团队的合作精神，考验每个篮球队员的相互协作意识哟！所以，你要让小威懂得团队合作的力量，帮助他摆脱"自私"！

配合是一种气度，团队合作是一种能力。男孩们一定要养成相互协作的习惯，让自己在一个互敬、互爱、互帮、互助的团结氛围中健康成长起来哟！

 ## 懂得换位思考的男孩才是睿智的男孩

留言板：

"学校里大扫除，打水、扫地、擦玻璃……真是好累呀！回到家后，当我看到在厨房做饭的妈妈时，突然想到，每天妈妈要整理房间，上班工作，晚上还要为我做饭，真的很辛苦，所以我也要帮妈妈做点事，减轻妈妈的负担。"

——水中哭泣的鱼　14岁

@ 水中哭泣的鱼

小鱼同学，你真的很棒哟！能够通过换位思考，考虑到妈妈的感受，理解妈妈，帮助妈妈做一些自己力所能及的事，真的很了不起！

生活中存在着很多矛盾与隔阂，只是因为缺乏必要的理解和相应的沟通，才使事态变得更加复杂，进而陷入僵局。

而"换位思考"就是打破僵局的"钥匙"，男孩只有具备了这种素养，才能察觉到对方的感受、理解对方的情感，才能更贴近他人的心，这样就可以减少许多不必要的麻烦、摩擦和隔阂，让你在人际交往中更加顺畅，合作中更加顺利！

所以说，懂得换位思考的男孩才是最聪明的，懂得换位思考的男孩才能获得一个更加和谐、稳定的人际关系哟！

拜访他人有礼貌

留言板：

"周末妈妈要带我去姨妈家做客，还让我学习一些拜访的礼仪。去亲戚家还用注意这些吗？"

——云端的祝福　12岁

@ 云端的祝福

不要嫌麻烦哟！拜访礼仪是很重要的，如果在拜访他人时，不懂得其中的礼仪，就会让对方很不舒服，认为你是一个很没有礼貌的人，让你的形象"大打折扣"，还会影响你的人际交往呢！

男孩在拜访他人时，怎样才能做得更加得体呢？

1.拜访前，一定要事先和对方约定好具体时间，以免扑空或扰乱对方的计划。约好时间后，要准时赴约。如果临时有事不能及时赴约，应马上通知对方，不能无故爽约哟！另外，还可以准备一份小礼物。

2.拜访时，一定要有礼貌。比如说：到达长辈家后，一定要用手轻轻敲门；进入房间后要先向长辈问好，不可随意走动，乱翻房内物品；

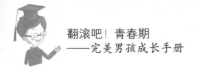

当主人送上茶水、点心时，要礼貌地说"谢谢"，并注意食用时要小心，不要弄脏地板。

3.离开时，也要向长辈告辞，并谢谢他们的招待。

 # 打电话的学问

留言板：

　　"咦，打电话还有学问么？打电话不就是有什么事情说清楚就 OK 了吗？还要知道什么礼貌啊？"

——飞飞飞　13 岁

@飞飞飞

打电话看起来简单，实际上这里面大有学问呢。如果你不清楚一些电话礼仪，很容易让人觉得你没礼貌呢！

下面就来简单说说打电话的基本礼仪吧。

1.打电话要选好时间，不要在别人休息时打电话，以免打扰别人的正常休息哟！

2.通话时，最好说普通话，吐字清晰。先送上自己的问候，然后告诉对方你是谁。如果对方不是你要找的人，可以请他代为转接，不要忘了说"谢谢"哟！

3.通话过程中，不可三心二意、姿态懒散，也不要吃东西、喝饮料，这样会给对方一种不尊重的感觉。

4.通话结束时，一般都是打电话的一方先挂电话。与长辈通电话时，要让长辈先挂电话。

5.如果遇到掉线的情况，要及时回拨，并在接通后表明歉意；如果遇到拨错电话的情况，也要向对方道歉，不可以直接挂断电话哟！

说话要学会分清场合

留言板：

"昨天，我的小侄女出生啦，我看到宝宝后，兴冲冲地说了一句话：'哎呀，她好丑哟，全身皱巴巴的，像个小妖怪！'结果被妈妈狠敲了一下头，我很郁闷，妈妈为什么打我呢？"

——小小方舟　15岁

@小小方舟

那是因为你犯了一个小错误哟！要知道，有些话是不能乱说的，你已经长大了，说话就要学会分清场合，要明白在什么地方说什么话，这是有讲究的呢！

如果你总是"直言不讳"，就会让现场陷于僵局，让大家感到尴尬、不愉快。就像你去看望小侄女，原本大家都沉浸在喜悦之中，可因为你的一句话，会让在场的所有人感到非常尴尬，而且，你的大哥大嫂

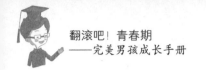

也会觉得你很没礼貌哦！

所以说话时，一定分清场合，注意措辞否则会惹人讨厌，还会影响你的人际关系哟！

 ## 我总是被人误解，怎么办？

留言板：

　　"以前，我因为好奇拿了同桌的自动铅笔，没想到就被老师和同学误会是'小偷'，从那以后，同学和老师们都用'你是小偷'的眼光去看我，我好委屈，也好伤心啊！"

——变脸小丑　13岁

@ 变脸小丑

你的心情我可以理解，被人误解是一件非常令人苦恼的事情。

同学交往中，发生一些小误会在所难免，被人误解也是比较常见的问题。但是，误解终归是误解，它只是暂时的，不可能永远被误解下去，你应当相信，一切误解迟早会消除的。

那应该如何"快速"消除老师和同学对你的误解呢！

1. 要找出被误解的"根源"，保持沉着冷静、宽容体谅的心去包容他人的轻慢和苛责。如果原因不在自己，就耐心等待对方的"醒悟"，不要操之过急，更不要产生"怨恨"情绪哟！

2. 要学会找准时机，主动沟通，努力消除误会，并用实际行动证明自己，持之以恒，误会自然会消除。如果感觉不好意思开口，也可以写一封信进行解释。

3. 如果你确实经常被人误会，那就反思一下自己吧，是不是在与人交往、交流中，有一些行为习惯和方式不被人理解、不被人接受呢，可以适当地做一些细节的调整，相信会有所改善的哟！

对自己的行为负责

留言板：

"昨天，老师让我打扫教室，本来一切进行得很顺利，可是清扫还没结束，小鹰非让我陪他踢球，结果我被老师批评了。都怪小鹰，

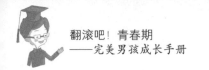
要不是因为他，我也不会因'半途而废'被老师说教啦！"

——1/2 王子　14 岁

@1/2 王子

亲爱的小王子，你要敢于为自己的行为负责哟！

出现错误是在所难免的，但如果犯了错误后，不敢承担后果，不能为自己的行为负责，而去迁怒于他人、推卸责任，那就不是一个有担当的男子汉啦！

在集体活动中，每个人都要尽职尽责，都应该竭尽全力地做好自己的事情，不应该受到外界的影响而放弃自己的任务。就像你这次"失误"一样，你完全可以整理完教室后再去踢球的，可是你却没有这样做，而是在受到了小鹰的"诱惑"后，马上就放弃了自己的任务。所以，我们要对自己做过的事承担责任、负责到底，而不是一味地去指责别人哦！

结交什么样的朋友

留言板：

"爸爸妈妈总是担心我结交'坏朋友'，而我本身性格也比较内向，不知道怎么去交朋友。所以，至今为止，我还没有一个真正的好朋友呢！"

——快乐的小蚂蚁　11岁

@ 快乐的小蚂蚁

爸爸妈妈担心你结交"坏朋友"的出发点是正确的，但并不是阻止你去交朋友哟！每个人都是需要朋友的，朋友是人生道路上一笔取之不尽、用之不竭的财富。

真正的朋友往往是那些当你遇到困难，能够竭尽全力地帮助你渡过难关，能够经得起时间和环境的考验，能够彼此之间相互信任、相互包容、相互帮助的人，而不是那些只能共享乐不能共患难的人。

你在选择朋友的时候，一定要擦亮你的眼睛哟！

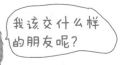

我该交什么样的朋友呢？

1. 要选择一些正直诚实、志趣相投的人做朋友，这是你们美好友情的基础。

2. 尊重并珍惜你的朋友，如果你发现你的朋友有一些小缺点，那么应该尽量去包容他、理解他，并劝他改正，而不是轻言放弃一段友谊。

亲爱的小蚂蚁，如果你选择和诚实可靠的人做朋友，相信就不会再听到爸爸妈妈反对的声音啦！

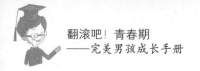

管好钱包

留言板：

"今天妈妈又骂我了，原因是我乱花钱。我哪儿有乱花钱呀，只不过买了一部手机而已，全班同学几乎都有手机，为什么我就不能买呢？妈妈真小气，我讨厌妈妈！"

——谁为青春买单　12岁

@ 谁为青春买单

哈哈，你的妈妈并不是"小气"哟！她只是想让你明白不要乱花钱的道理！

要知道，金钱不是从天上掉下来的，是靠你的父母辛苦努力赚来的，要懂得珍惜啊！而且，"大手大脚"地花钱，盲目地和同学攀比，对你的健康成长也非常不利哟！

因此，平时要学会"管理好自己的钱包"，从小养成善于理财的品质。那么，怎么做才能有计划有节制地控制自己乱花钱的毛病呢？下面我来教教你吧！

1. 学会控制自己的欲望，不乱花钱。

2. 对于自己的零花钱要做好规划，科学合理地使用零花钱，记好要知道自己的每一分钱都花在哪里了。

3. 学会如何"赚钱"，用自己的劳动去换取相应的报酬。比如说，帮助妈妈打扫房间等，来赚取自己的零花钱。

4.善于存钱，你每年得到的压岁钱可以积攒起来，用作你需要花销时的基金哟！

我要做网红

留言板：

"王阿姨家的哥哥大学毕业后就开始做直播，现在他的粉丝已经有几百万了呢，粉丝们会给他刷礼物，他现在成了名副其实的网红，直播带货还赚了好多钱，好羡慕哥哥能有那么多的粉丝，我也想成为网红，想用自己的手机直播，但是爸爸妈妈都特别反对，还说直播违法，这是真的吗？"

——网红小帅 13岁

@网红小帅

看来我要向你做一次普法宣传喽！中央文明办、文化和旅游部、国家广播电视总局、国家互联网信息办公室四家单位，根据《中华人民共和国网络安全法》《中华人民共和国未成年人保护法》等法律法规，联合发布了《关于规范网络直播打赏加强未成年人保护的意见》。其中，对直播平台的要求如下：

"禁止未成年人参与直播打赏……禁止为未成年人提供现金充值、'礼物'

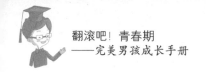

购买、在线支付等各类打赏服务。网站平台不得研发上线吸引未成年人打赏的功能应用，不得开发诱导未成年人参与的各类'礼物'。发现网站平台违反上述要求，从严从重采取暂停打赏功能、关停直播业务等措施。"

下面这段是你最为关心的问题。

"严控未成年人从事主播。网站平台应加强主播账号注册审核管理，不得为未满16周岁的未成年人提供网络主播服务，为16至18周岁的未成年人提供网络主播服务的，应当征得监护人同意。"

小帅同学，现在你明白了吧，爸爸妈妈可不是在吓你哟！

 # 我要打工赚钱

留言板：

"在国外名人故事里，我看到很多人从小就会赚钱了，他们吃苦耐劳，后来有所成就，我也想成为一名企业家，另外本人还有点财迷，特别想在暑假去打工赚钱。爸爸妈妈都是东北人，一起做点小生意，他们听了我的想法，也觉得我可以锻炼一下。爸爸还说：'儿子，有点爷们儿样了啊！'后来到暑假了，他们又不让我去了，我也不知道为什么，我计划过几天偷偷出去试试，不知道可以吗？"

——东北小爷　15岁

@ 东北小爷

我说东北小爷同学，姐姐也是东北人呀，你还真不能去打工，因为你还没有满18周岁，我国劳动法规定："禁止用人单位招用未满

十八周岁的未成年人。"所以说，即便你想去试试，也没有企业敢用你来工作的呀。

我给你一个好的提议，既然爸爸妈妈也在做生意，不如帮他们做些什么，这样你可以学习一些经营管理方面的经验。想对你说的就这么多，东北人不磨叽，有事随时给我留言啦！

姐姐的借贷

留言板：

"我的姐姐已经上大学了，有一天，我接到一个电话，说是让姐姐还钱，但联系不到她，电话那边的人说话特别不客气，听完我感觉非常害怕，担心是骗子，又担心姐姐是不是出了什么事情，便赶紧给她打电话，姐姐就说：'没事，没事，我想办法解决。'我总觉得不对劲，上次假期回来，我看到她买了新包，还是名牌，我还在想，她哪里来的钱呢？可她又不让我把这些告诉爸爸妈妈，你说该怎么办呢？"

——麻烦姐姐啦　14岁

@ 麻烦姐姐啦

根据我的判断，你姐姐可能是借了网贷，欠了债没办法还清，你的爸爸妈妈又不知道。网贷的利息很高，如果她一直不能还清，就会影响到她的个人信用，更为严重的还会影响到她的前途。

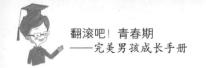
你可以在晚上找一个安静的时间，和姐姐通电话，了解一下真实情况，也要把这其中的利害讲给她听，让她从网上查一查这样继续下去的后果，如果她真的不能自己解决，你就要及时告诉爸爸妈妈，这才是对姐姐的未来负责，如果姐姐遇到的是校园贷诈骗，更要及时让爸妈了解真实情况，然后报警。

现在的网络金融已经成为我们日常生活消费的主要方式。有些大学生的虚荣心和超前消费意识过强，这就很容易让网络贷款的金融机构盯上他们，网络贷款到账快、利息高，后续会让他们无力承担还款和支付高额利息，这主要是因为大学生社会经验少、理财观念差、法律意识也很淡薄，所以很容易陷入其中。

宝贝，对此你要引以为戒，在未来走向大学生活时不要犯同样的错误。校园贷一般有以下几种形式，你和姐姐一定要分清。

1. 提前消费：利用学生爱攀比的虚荣心理，诱导大学生超前消费并提供小额消费信贷，但最后学生往往没办法还款，更没有能力去支付高额利息。

2. 兼职诱惑：打着高薪招聘的旗号，给大学生提供高额付费岗前培训，大学生因为想获得培训和工作机会，不得不贷款。

3. 利益诱导：通过支付小额报酬的方式，诱导大学生去完成指定的贷款任务，借用大学生信息骗取贷款资金后便消失了，可还贷负担却落在了大学生身上。

4. 美容分期：利用大学生的虚荣心，向他们营销医美项目，通过分期支付的方式，变相还贷，如果无力偿还，就会面临征信不良的风险。

5. 通过互联网平台向大学生推送贷款广告，以免抵押、低利息诱导学生贷款，并要求缴纳贷款"手续费""管理费""保证金"，收到钱后就"拉黑"。

6.要求学生提供照片、视频、身份证以及家长和亲友的电话号码等作为贷款抵押和担保，如果大学生没办法按时还款，就会威胁勒索。

 ## 爷爷被骗了

留言板：

"自从我教会爷爷使用微信之后，爷爷就对微信上了瘾，时不时地用微信给我发红包，我当然很开心啦。可是最近遇到不太美丽的事情——爷爷被人骗了！

爷爷自己下载了一个叫"蝙蝠"的APP，注册之后，就收到一条信息：'恭喜您被我们公司抽中幸运用户，微信收款码发过来，直接会给您转6800元红包。'爷爷想这么大年纪还没中过奖，他就兴高采烈地将微信收款码发了过去，对方把6800元已支付的截图发给爷爷，然后说爷爷的微信流水不足，使他的微信被封，转过来的钱被冻结了，需要做流水测试，好帮他解锁微信账号。爷爷按照对方的提示，用银行卡给对方转账三次，一共有28000元。

我现在特别后悔教爷爷使用微信，我该怎么办呢？好烦恼啊！"

——蝙蝠来了　14岁

@ 蝙蝠来了

教爷爷使用微信，说明你是个孝顺的孩子，这不是你的错误，只是爷爷不太懂得网络诈骗的手段，才会被骗。我教你几种常见的防诈

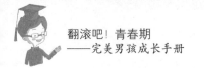
骗指南，这些你不仅能教会爷爷免遭被骗，也能让自己加强防范哟！

1.通过"中奖"诈骗：像你这个年龄的学生，面对狡猾的犯罪分子有时会缺乏判断力，他们会先通过各种渠道发送中奖信息，然后以资金被冻结为由，要求转账给自己的账号解冻，就像是爷爷遇到的一样。

2.通过"游戏"诈骗：犯罪分子会以网络游戏装备为诱饵，故意和你拉近关系，这样你就会降低警惕心，然后要你拿家长的手机进行转账。

3.通过"追星"诈骗：如果你对偶像充满着好奇和向往，他们就会在各种社交平台和视频软件中投送明星QQ号或者微信号，当你加上好友后，犯罪分子就会以各种理由哄骗或者威胁你，骗你或家长的钱。

4.通过"返利"诈骗：犯罪分子通过QQ群或微信群加到你，然后用返利、刷单可以获取收益为理由，要你先转账，这样你的钱就被他们骗走了。

针对上面这些诈骗，下面这些内容一定要懂得辨别。

所有需要预先存入各种费用才能兑奖的中奖信息，都是陷阱；不要随便同意陌生人的微信、QQ好友申请，更不要随意打开陌生人发来的文件或链接；不要相信互联网上弹出的"低价游戏""免费皮肤""免费装备"等信息，这可都是骗子的诱饵；不要相信互联网上任何的"轻松赚钱""快速返利""高价刷单"等信息；还有，上网时尽量不要在QQ等网络工具上储存亲友的真实信息和图片资料，防范坏人通过黑客、木马等方式盗取相关资料进行诈骗。